rororo

rororo

Doris Knecht, geboren in Vorarlberg, gehört zu den originellsten und witzigsten Stimmen des österreichischen Journalismus. Sie war u.a. Redakteurin beim Nachrichtenmagazin «profil», beim Züricher «Tagesanzeiger Magazin» und stellvertretende Chefredakteurin der Wiener Stadtzeitung «Falter», für die sie nach wie vor als Kolumnistin tätig ist. Für den «Kurier» schreibt sie fünfmal wöchentlich eine Kolumne mit dem Titel «Knecht». Doris Knecht lebt mit ihrer Familie in Wien und im Waldviertel. Im Rowohlt Taschenbuch Verlag erschien bereits «Gruber geht» (rororo 25576).

Doris Knecht

# Man kriegt so viel zurück!

Die besten Geschichten
vom Leben unter Kindern

Rowohlt Taschenbuch Verlag

Die im Buch abgedruckten Geschichten
wurden den folgenden im Czernin Verlag
erschienenen Bänden entnommen:

Doris Knecht. *Hurra. Wien–Zürich–Wien. Anleitung zum Doppelleben in 111 Schritten*
Copyright © 2004 by Czernin Verlags GmbH, Wien

Doris Knecht. *So geht das! Wie man fidel verspießert*
Copyright © 2006 by Czernin Verlags GmbH, Wien

Doris Knecht. *Gut, ihr habt gewonnen. Neue Geschichten vom Leben unter Kindern*
Copyright © 2008 by Czernin Verlags GmbH, Wien

Doris Knecht. *Darf's sonst noch was sein? Mehr Geschichten vom Leben unter Kindern*
Copyright © 2008 by Czernin Verlags GmbH, Wien

Veröffentlicht im Rowohlt Taschenbuch Verlag,
Reinbek bei Hamburg, Dezember 2012

Umschlaggestaltung any.way, Cathrin Günther
(Illustration: Sabine Völkers)
Satz Stempel Garamond PostScript, InDesign,
bei Pinkuin Satz und Datentechnik, Berlin
Druck und Bindung CPI – Clausen & Bosse, Leck
Printed in Germany
ISBN 978 3 499 25954 8

# Mizzi und der Prinz

Einmal hatte Mizzi einen echten Prinzen. Der Prinz trug stets alpenländische Lederhosen und unter ihnen offenbar ein Gemächt, welches Mizzi mit einer ansonsten Anglern vorbehaltenen Handbewegung zu charakterisieren pflegte und dessen Erfreulichkeiten Mizzi darüber hinwegsehen ließen, dass darunter die königliche Gehirndurchblutung ein wenig litt. Oder, wie Sedlacek in einem seiner lichten Momente feststellte: Der Prinz hatte den IQ einer Cocktailtomate.

Einmal brachte ihn Mizzi zu einem Essen mit; und meine anderen Gäste waren gebrieft: Keine Aristowitze! Keine Politik! Keine Feminismusdebatten! Tut es Mizzis Hormonhaushalt zuliebe! Und das Gastvolk konversierte auch höflich über die wochenends vom Prinzen totgeschossenen Hirschen und die restituierten Güter, die der Prinz wochentags abzuschreiten pflegte, was er «Arbeit» nannte. Leider hob der Prinz dann zu einem Feminismusreferat an, in welchem er kundtat, er habe überhaupt nichts gegen die Feministinnen, sofern sie große Tutteln hätten, gell, Mizzi? Meine weiblichen Gäste gruben darob mit ihren Fingernägeln Kerben in meine Tischplatte, schwiegen aber aus Rücksicht auf Mizzis erotische Versorgung, während Mizzi den königlichen Schenkel tätschelte und laut die Ansicht vertrat, dass es heute aber wieder richtig kalt sei draußen, nicht wahr, Schatzerl?

Dann hat sie sich bald von ihm getrennt. Es war nämlich so, dass der Prinz der Meinung war, dass seine vordere Extremität wochenends zwar gut bei Mizzi aufgehoben sei, Mizzi aber nicht in seinen aristokratischen Kreisen. Mizzi sei – das waren, Mizzi schwört es bei Hedwig Courths-Mahler, des Prinzen Worte – aufgrund ihrer vorstädtischen Arbeiterklasse-Herkunft und ihrer aktuellen Existenz als berufstätige Alleinerzieherin leider nicht standesgemäß. Er sei, habe der Prinz gesagt, seiner aristokratischen Tradition verpflichtet und gedenke sich dereinst mit einer Prinzessin zu vermählen, welche ihm sodann eine Reihe von Prinzchen und Prinzesschen zu gebären habe, jedes mit mindestens sieben mindestens viersilbigen Vornamen. Bis dahin wolle er gerne zu Mizzi lieb sein, allerdings, wenn möglich, ohne die Öffentlichkeit damit zu belästigen.

Nun legt Mizzi zwar einigen Wert auf ihre hormonelle Ausgeglichenheit, aber sie hat auch ihren Stolz. Sie entsorgte das königliche Zahnbürsterl aus ihrem Badezimmer und sagte dem Prinzen einiges, dessen Wiedergabe das Pressegesetz verbietet. Hinterher hat sie viel geweint, sie hat den Prinzen nämlich trotz seiner Schlichtheit ehrlich geliebt. Und der Prinz … Sedlacek hat den Prinzen während eines halben Jahres wiederholt in verschiedenen Bars angetroffen, und jedes Mal, das schwört Sedlacek, sei der Prinz ob dem Verlust Mizzis in Tränen ausgebrochen, habe Kaiser und Vaterland verflucht, habe Mizzi als die Königin seines Herzens und die Verehelichung mit ihr als seinen innigsten Wunsch bezeichnet. Und jedes Mal, wenn ihn Sedlacek dann vorsichtig über die Abschaffung der Monarchie in Österreich informiert und ihn gefragt habe, warum er Mizzi dann Himmelarschundzwirn nicht einfach heirate, habe der Prinz geschluchzt: «Ja, wenn es die Tradition nun mal verbihihihihihiietet!»

Gestern hat mir Mizzi in einem Mail gestanden, dass sie sich letzte Woche den Prinzen wieder eingetreten habe, man habe sich auf einer Party getroffen, sich dann in einer Bar besoffen, und als sich Mizzis Hand plötzlich in des Prinzen Schritt verirrt habe, habe dieser oben «Es kann nicht sein!» gekreischt, unten aber stabile Zustimmung signalisiert. Und dann habe Durchlaucht aller Förmlichkeit entsagt und der drohenden Verstoßung durch sein Königshaus standhaft getrotzt. Und ihr sei es, schreibt Mizzi, im Augenblick komplett egal, ob sie nun Prinzessin Mizzi werde oder nicht. Manchmal sind die Hormone einfach wichtiger als die Krone.

# Ticktackticktack

Wenn ich mit Nachnamen Morf heißen würde, würde ich meinen Sohn Anton nennen und meine Tochter Agnes. Nur weil ich grad an einem Klingelknopf gelesen habe: F. Morf. Verschenkt! Als ich noch jung und hahalustig war, wollte ich entweder den Junkiedoktor Presslich oder Sedlaceks Zahnarzt Dr. Henk heiraten. Weil dann hätte ich meinen Sohn entweder Elvis oder Hank genannt, lustig, haha.

Weil wir grad vom Kinderkriegen sprechen: Ich war eben in Wien, und alle meine Freundinnen sind entweder schwanger oder denken darüber nach, schwanger zu werden, oder versuchen einen Mann zu finden, von dem es sich lohnte, schwanger zu sein. Wir sind alle um die 35 oder ein bisschen darüber und finden das Geschlechterdingsbums gerade unglücklich aufgeteilt. Es ist ja nicht so, dass wir jetzt alle auf der Stelle ein Kind wollen – wir stehen voll im Beruf! und zwar gern! –, es ist nur so, dass wir, falls wir eins wollen, uns das jetzt dann auf der Stelle überlegen sollten. Also müssen. Ja, Männer, ihr habt schon recht, das macht manche Frauen meines Alters etwas schwierig im Umgang. Frauen meines Alters zeigen manchmal eine gewisse Tendenz zum Krampfigen. Aber ihr! Ihr habt ja leicht spötteln. Ihr könnt ja bis 80 ein Kindlein ums andere zeugen, während wir zur Familiengründung eine äußerst begrenzte Zeitspanne zur Verfügung haben. Und da wir es uns nicht leisten können, wie Jodie Foster einfach einen wohlgestalten Nobelpreisträger aus einer Kartei rauszusuchen, sind wir nun mal auf euch angewiesen.

Apropos Nobelpreisträger. Weil Mizzi und der Prinz, wer sich erinnert, sind wieder richtig zusammen, womit niemand rechnen konnte. Und wie ich grad mit Mizzi bei der zweiten Flasche Wein im «Cinqueterre» sitze, taucht der Prinz auf, und im nächsten Moment bin ich, wie man in Wien sagt, voll in der Scheißgassn, denn er ist supersauer, weil ich ihn in Zürich als vertrottelten Aristoschmock dargestellt hätte. Irgendeine hier ansässige, mit dem Prinzen befreundete und mir offenbar missgesinnte Person scheint ihm meine Mizzi-Prinz-Geschichte wortwörtlich referiert zu haben. Immerhin bemühte er sich dann redlich, meinem Bild von ihm nicht gerecht zu werden, was seiner Persönlichkeit ausnehmend schmeichelte. Und er und Mizzi wirkten so glücklich, dass ich vielleicht schon mal mit dem Babypatscherlhäkeln anfange.

Ich habe auch Sedlacek getroffen und sofort gesehen, dass er grad in eine sehr junge Dame nachhaltig verschossen sein muss, weil angesichts dieser Frisur würde eine erwachsene umgehend auf die Tür weisen und einen Friseurbesuch befehlen: Und komm nicht zurück, ehe du etwas auf dem Kopf hast, das eines bald Vierzigjährigen würdig ist! Sedlacek hat mir daraufhin erklärt, er gehe jetzt nur noch mit unter 25-Jährigen aus, weil ihr Älteren, sagte Sedlacek, seids ja alle ein bisserl kompliziert und verkrampft und so verbissen abschussorientiert.

Mein Langer dagegen ist völlig unerwartet schon mit 38 in die Erwachsenenphase eingetreten und hat unter Alkoholeinfluss auf einer Party erklärt, er könne sich nun vorstellen, Vater zu werden. Und da er das bisher kategorisch ausschloss, mutmaßen jetzt alle, er sei von den Tatsachen gezwungen, sich vorstellen zu können, Vater zu werden, und gestern krieg ich von Pia ein spitzes E-Mail: Hast du mir was zu erzählen? Und mir fällt echt nichts ein, außer dass ich ÄRGER-Sascha, wer sich erinnert, nicht angerufen habe, aber er mich, und dann waren wir im «Ginger» Sushi essen, und wie sich dann herausstellte, ist Sascha ein netter Schweizer, aber das Sushi war hervorragend. Aber das hat Pia nicht gemeint. Und weil sich jetzt auch noch Fritzi und Moni und Nicole hintenrum erkundigt haben: Nein, sakra, ich bin nicht schwanger. Aber sollte ich je einen Sohn haben, wird er garantiert nicht Ruprecht heißen.

# Wo Frauen winseln

Weil ich noch nie dort war, hat mich Dr. Robert letzten Samstag nach «Almost Famous» und einer kurzen, aber atemberaubenden Unterredung mit einem neuen Türsteher in die «Kaufleuten»-Lounge geschoben. Da, schau dich um, hübsch nicht, magst du einen Apfel?, aber ich wollte keinen Apfel, sondern einen sehr, sehr trockenen Martini, doch bevor ich einen bestellen konnte, schob Dr. Robert mich wieder raus, scheuchte mich um die Ecke, drängte ins Restaurant – hübsch, nicht? – und platzierte mich inmitten einer Gesellschaft aus freundlichen und überwiegend sehr blonden Menschen. Wie sag ich's so, dass Dr. Robert danach noch mit mir spricht? Denn wie ich erleben durfte, verkehrt Dr. Robert auch in Kreisen, in denen es als unsportlich gilt, in einer Unterhaltung den Verstand zu benutzen, wenn alle anderen nur mit ihren Implantaten und Waschbrettbäuchen antreten. Wer einen Satz mit mehr als vier Worten fehlerfrei formuliert, macht sich verdächtig, ein Intellektueller zu sein, und das bedeutet dort: hat keinen Sex, kriegt keine Modeljobs, kann nicht tanzen, kommt ohne Dr. Robert nicht ins «Kaufleuten» rein und muss deshalb über langweilige und komplizierte Sachen nachdenken. Wobei ich erwähnen sollte, dass Sedlacek in Wien der Einzige ist, der mich für eine Intellektuelle hält; einer der Gründe, weshalb ich seine Gegenwart schätze.

Aber um ein Uhr früh gab es eine Art Gottesbeweis,

denn als Dr. Robert gerade versuchte, unter die Bluse eines darob stark enthusiasmierten Partygirls mit aufgespritzten Lippen zu kriechen, hat Haemmerli mich da rausgeholt. Haemmerli rief mich an und verlangte, dass ich sofort in der Hohlstraße 489 erscheine – «VIERHUNDERTNEUNUNDACHTZIG!!!», schrie Haemmerli in sein Handy, «WIE DIE FRANZÖSISCHE REVOLUTION NUR MIT VIER STATT SIEBEN UND OHNE EINS!». Und während Haemmerli von seinem Taxifahrer beim alkoholbedingten Versuch erwischt wurde, ihn um zehn Stutz zu bescheißen, sank ich im «Kaufleuten»-Restaurant auf die Knie und dankte Gott dafür, dass er Haemmerli erschaffen und ihm ein Hirn und ein Handy zugeteilt hat. Wie die Französische Revolution nur mit vier statt sieben und ohne eins. Wie klug, wie simpel, wie süß. Okay, dass ich auf die Knie gefallen bin, ist erfunden, aber ich machte etwas mit meinen Beinen, nämlich einen Abgang.

Auf 489 war Party. Und es gibt eigentlich nicht viel darüber zu berichten, außer dass die Musik gut und es total angenehm war, dort einfach nur rumzustehen und mit Haemmerli und ein paar anderen unprätentiösen Hirnmenschen Bier aus der Flasche zu trinken. Zwei Tage später saß ich mit Haemmerli und Philipp Anz und einem Freund von Philipp im «Solito Posto», wir aßen hauchdünne Pizze und tranken Rotwein, debattierten über die Repolitisierung der Popkultur, und wissen Sie, so wohl hab ich mich in Zürich selten gefühlt.

Und danach gingen Haemmerli und ich ins «Acapulco», wo DJ Hildebrandt einfach nicht kapieren wollte, dass man, wenn man ein umschwärmter Bar-DJ sein will, für die Frauen auflegen muss. NUR für die Frauen. Frauen gelten bei DJs ja generell als völlig inkompetentes Publikum, aber wenn die Frauen gelangweilt abmarschieren, gehen die Männer auch, und dann kann der DJ seinen drei besten Kumpels und zwei gähnenden Bardamen beweisen, dass er ein toller Hecht mit einer überaus originellen Plattensammlung ist. Wenn ich hier mal aus dem Nähkästchen meines Langen plaudern darf, der von Wiener Bar-Wirten gern zum Plattenauflegen engagiert wird: Der verlässt das Haus nie ohne mindestens drei Al Green, zwei O.-V.-Wright- und zwei Solomon-Burke-Alben (er nennt das «Büchsenöffner-Musik»), und ich hab mit eigenen Augen gesehn, wie die Frauen vor dem DJ-Pult auf dem Bauch lagen und nach mehr winselten. Und wo Frauen winseln, sind auch Männer gern.

# Schwanzwedeln

Sedlacek überrascht mich mit der Nachricht, er könne jetzt nicht weitertelefonieren, sein Hund sei aufgewacht und müsse gestreichelt werden. Ich sage, haaalt, Sedlacek, Mooooment!! Hast du eben gesagt: MEIN Hund??? Ja, ich hab gesagt MEIN Hund, sagt Sedlacek, und ich sage, Sedlacek, seit wann hast du bitte schön einen Hund?, und Sedlacek sagt, seit drei Wochen.

Mir wird klar, dass ich den Mann in letzter Zeit etwas vernachlässigt habe. Wenn man es Vernachlässigung nennen will, morgens um vier das Handy nicht zu hören und anderntags Combox-Nachrichten des Inhalts: Heb ab du fffffffeige Gguh! zu ignorieren. Die Versuche, Sedlacek zu erklären, dass die Nichtbeantwortung seiner nächtlichen Anrufe ausschließlich regenerationstechnische Gründe hat, habe ich wegen anhaltender Erfolglosigkeit eingestellt. Seit mein Wecker wieder funktioniert, bin ich davon erlöst, nachts meine bruchstückhaften küchenpsychologischen Kenntnisse an Sedlacek zu verfeinern: Um diese Zeit droht Sedlacek nämlich entweder, sich das Leben zu nehmen, indem er von einer Klippe springt (in Sedlaceks Wiener Wohngegend ist das Klippenaufkommen relativ übersichtlich). Oder er erklärt mir, er sei Gott beziehungsweise der Dämon, so oder so werde er morgen gegen neun die Weltherrschaft übernehmen und es diesen ganzen Lulus endlich mal richtig … Schlaf, Sedlacek, bitte. Schlaf!

Sedlaceks neues Hundebesitzerdasein aber alarmiert

mich: Ist der Mann einsamer, als ich dachte? Ich sage: Sedlacek, ich habe deine Zimmerpflanzen gesehen, sie sind ein Fall für den Internationalen Pflanzenrechtsgerichtshof, willst du mir wirklich erzählen, dass du seit drei Wochen einen lebenden Organismus in deiner Obhut hast, und er zeigt noch immer Anzeichen von Vitalität? Also, du bist sicher, dass der Hund atmet? Ja, verdammt, sagt Sedlacek, jetzt glaubs halt!, und dann höre ich tatsächlich Gebell und stehe nicht an, meiner Rührung über Sedlaceks überraschende Anwandlung von Fürsorglichkeit gegenüber einer Kreatur, die nicht Sedlacek ist, angemessenen Ausdruck zu verleihen. Das ist exakt der Moment, in dem Sedlacek gackert und sagt: Da schau her, Knechtin, sogar bei dir funktioniert es. Funktioniert WAS?

Zwar hat sich Sedlacek, wie ich nun erfahre, den Hund durchaus zur Kompensation eines emotionalen Defizits zugelegt, aber ein bisschen anders. Eines Abends ist Sedlacek nämlich an der Heldenplatzwiese vorbeigekommen, wo sein Blick auf ein Rudel tollender Hunde fiel sowie auf viele Herrchen, die in angeregte Gespräche mit Frauchen vertieft waren, darunter viele jung, hübsch und damit beschäftigt, die Herrchen-Hunde mit Hingabe abzugreifen. Da sei ihm klargeworden, sagt Sedlacek, dass die Bereitschaft eines Mannes, ein Lebewesen zu betreuen, bei Frauen eine natürliche Zuneigung auslöse. Und, sagt Sedlacek, vom Streicheln eines, sagen wir mal, einen Meter hohen Hundes ist es luftlinienmäßig nicht weit zum … Ich sage, bitte, Sedlacek, sprich nicht weiter. Und mein Hund, grinst Sedlacek, ist ein Irish Setter, der wird einen guten Meter hoch, aber jetzt ist er noch klein, da müssen sie sich runterbeugen, auch nicht übel, und weißt eh, Babyeffekt, sagt Sedlacek, da werden Weiber verlässlich schwach, und dass er jetzt jeden Abend mit Hundchen auf die Hundewiese geht und bereits vier Telefonnummern von hübschen Frauchen in seiner Agenda hat; Uschi (Mops), Fini (Windhund), Maggie (Spaniel) und Joe (Dalmatiner), und die Maggie, sagt Sedlacek, sakrament, so zutraulich und solchene Tutteln! Das ist der Moment, in dem ich Sedlacek mit ein paar Kraftausdrücken vertraut machen will, aber von animalischem Gekreisch übertönt werde, welchem ich entnehme, dass Hundchen eben auf Sedlaceks Flokati gekackt hat, danke, es gibt doch eine Gerechtigkeit auf der Welt.

# Zurück in die Zukunft

Ossi sagt, dass es echt keine Sau interessiert, wie ich meine Abende verbringe und wo Haemmerli Ferien macht, und überhaupt, sagt Ossi, du schreibst ja permanent nur noch über diese inzestuöse Medienfutzipartie, und dass die mit dem richtigen Leben da draußen ja wohl so was von nichts zu tun habe. Wobei mich mal interessieren würde, woher Ossi, eingetragenes Mitglied im Medienfutziclub, etwas über das richtige Leben da draußen wissen will. Ossi be…, aber wo hab ich schon wieder meine Manieren! Darf ich vorstellen: Ossi – Leserschaft. Leserschaft – Ossi. Ossi nämlich bezieht hiermit sozusagen ein Zimmerchen in dieser Kolumne, und zwar, weil ich demnächst zwei Zimmerchen in Ossis Wohnung beziehen werde.

Die Idee entstand ziemlich genau in dem Augenblick, als die Verwalterin meines Kontominusses eben ansetzen wollte, meine Kreditkarten mit einer Schere neu zu designen. Ossi fand die Idee aus gleichfalls pekuniären Gründen sofort gut, aber zwischenzeitlich dürfte ihm aufgegangen sein, dass die kolumnistischen Verwertungsrechte seines lebensfrohen und mitteilsamen Wesens in meinem Mietzins gewissermaßen inkludiert sind. Ossi sorgt sich; er befürchtet, seine Performance hier könnte seinen Ruf vollends ruinieren, und der ist schon dadurch stark angekränkelt, dass er ein Wohngemeinschaftsverhältnis mit einer Frau eingeht, die von einem entscheidenden Teil seiner

Kumpels für eine blöde Schnepfe gehalten wird. In einer WG mit DER?

Stimmt schon, heute trage ich Schnepfenschuhe und Chanel-Lippenstift und schreibe Schnepfenkolumnen. Aber früher, auch wenn Sies nicht glauben, hab ich in einer WG mit sieben Leuten, einer degenerierten Maus und 300 leeren Flaschen gewohnt, hatte eine Stachelfrisur, trug kaputte Converse-Turnschuhe, zerfetzte Jeans, von Gaffer-Tape zusammengehaltene Bomberjacken und nieniemals Make-up, und wir hatten eine miserable, aber sehr laute Punkband, machten Piratenradio, veranstalteten Hardcore-Konzerte, kopierten Fanzines, verkauften Bootlegs, prügelten uns mit Skinheads, hörten Fugazi und Dead Kennedys und Bikini Kill, und am Küchentisch unterm Sex-Pistols-Poster diskutierten nie weniger als fünf Gäste über Punk, Politik und Piraterie, und bezüglich unseres Drogenkonsums nehme ich das Recht zu schweigen in Anspruch. Wir waren eine richtig schöne kleine Do-it-yourself-Republik, es war sehr romantisch. Bloß wurde es dann den Nachbarn unter uns lästig, dass ihnen ständig die Glühbirnen explodierten, wenn wir oben in unserer Wohnung das geklaute Feuerholz zerhackten; und wir wurden delogiert.

Nur deshalb zog ich – nur vorübergehend, haha – zum Langen und hatte gleich am ersten Tag ein X-Akten-relevantes Erlebnis, als ich entdeckte, dass das Joghurt, das ich am Morgen in den Kühlschrank gestellt hatte, am Abend noch da war. Boah. In diesem Moment hatte mich das Establishment am Schlawittchen, und als ich mich zum ersten Mal dabei ertappte, wie ich den Boden wischte, ohne dass Elternbesuch drohte, wusste ich, dass ich für die Revolution verloren bin. Und eh ich michs versah, hatte ich ein festes Einkommen und Schnepfenschuhe an den Füßen.

In einer WG habe ich nie wieder gewohnt, weshalb das mit Ossi jetzt ein interessanter Flashback werden könnte. Aber eine WG ist ja heutzutage nicht mehr, was sie mal war, da gibt es wöchentlich erscheinende Reinemachfrauen, weiße Sofas, sortenreines Tafelgeschirr und eigens designte Schnepfenschuhabstellplätze. Hedonisten-Harmonie statt rebellischer Romantik, sozusagen. Apropos Harmonie, weil für deren Garantie wird Ossi noch einen Vertrag unterschreiben müssen, der es ihm streng untersagt, mich vor der dritten Tasse Kaffee auch nur anzusehen. Aber das interessiert jetzt wahrscheinlich wieder keine Sau.

Aber ich wollte noch etwas anderes erzählen, der Lange wird nämlich Vater.

# Jetzt neu mit Franzerl

Manchen Frauen ist das Interesse an der Ehe angeboren. Pia ist das Interesse an den Ehen anderer angeboren. Sie selbst würde, wenngleich sie die Absenz der großen Liebe stets wortreich bedauert, eine derartige Einkerkerung niemals akzeptieren. Sie schreckt ja schon vor Beziehungen zurück, die länger als eine Nacht dauern. Vor ein paar Wochen schickte sie mir ein SMS des Inhalts, ob ein dreistelliges Kennzeichen mit GR davor in der Schweiz etwas Gutes, also Reichtum, Macht, Manolos und so weiter bedeute. Ich smste, dass sie sich darauf verlassen könne, und machte mich erbötig, Details und Zivilstand zu recherchieren, wenn sie mir bitte noch den Namen dazu nenne. So lange, dass es zur gegenseitigen Vorstellung gekommen wäre, hat die Beziehung aber nicht gedauert.

Denn Pia will momentan nur einen Prinzen; und nicht so einen mickrigen wie jenen, von dem sich Mizzi jetzt endgültig getrennt hat, sondern echten europäischen Hochadel. Weil schau dir das an, sagt Pia, die Prinzen schrecken ja heutzutage vor nichts mehr zurück, ledige Kinder, Bürgerlichkeit, Drogenvergangenheit, einen Militärjunta-Faschisten in der Familie, ist alles kein Hindernis mehr auf dem Weg in die goldene Kutsche und vor den königlichen Traualtar. Bloß musste mir Pia dann zustimmen, dass ein Verein, in dem jetzt auch Weiber wie wir mitmachen dürfen, für uns nicht mehr in Frage kommt.

Mit so was wie Heiraten belästige ich den Langen

momentan lieber nicht, der ist, wie kürzlich erwähnt, erst mal fulltime mit der Vaterwerdung beschäftigt. Bei den meisten Männern geschieht die Vaterwerdung grob gesagt zwischen zwei Pfeilern: Erstens, sie erfahren, dass sie Vater werden, zweitens, sie werden Vater. Dazwischen liegen diese von der Schöpfung mit Bedacht eingerichteten acht, neun Monate, in denen sie mental vom einen Pfeiler zum anderen kriechen können. Der Lange war innerhalb dieses Prozesses etwa in der Aufwärmphase; also er begann gerade, sich mit einem roten Punkt auf einem Schwangerschaftstest anzufreunden, der ihm als Franzi vorgestellt worden war, als ihm unvermutet ein dritter Pfeiler in die Gegenwart gerammt wurde, und zwar per SMS: Lieber Langer, bleib bitte ruhig, aber es sind jetzt zwei Franzerl.

Was der Lange im ersten Moment für eine total typische Gemeinheit im Reicht-man-ihr-den-kleinen-Finger-Stil hielt. Diese Perfidie musste sofort unter Zufuhr hochprozentiger Getränke im Kreise der Spezis beklagt werden, wobei der Lange noch eine Überraschung erlebte. Denn es war keineswegs Mitleid, das ihm von den Haberern entgegenwaberte, sondern unverhohlene Bewunderung voller Gezwinker, Schultergeklopfe und Ho-ho-hooooo!-Gegröle. Die Spezis und alle anderen Männer, so erkannte der Lange zügig, neigen nämlich zur Ansicht, dass eine doppelte Brut die Folge doppelter Potenz sei. (Hier bitte einen kleinen, mehrstimmigen Freundinnenchor hineindenken: Männaaaaaaa!!!) Aber der Lange gockelt seither mit permanent geschwollener Brust durch die Wienerstadt und hat sich mit dem doppelten Franzi ganz gut abgefunden.

# Nie, Fipsi. Nie.

Denn das Leben ist ohne Alkohol total langweilig. Ich weiß das mit Sicherheit, da ich gerade in einem mitleidlosen Selbstversuch die Behauptung verifiziere, dass die Benefizien des Alkohols völlig unterschätzt werden. Man hat es in meinen Kreisen ja häufig mit Weinexperten zu tun, und ich weiß derartige Auskenner durchaus zu schätzen, weil in ihrer Gegenwart immer herrliche Fluide offeriert werden. Allerdings vermittelt das Gewese dieser Menschen häufig den Eindruck, es käme beim Alkohol ausschließlich auf die Qualität an. Ich aber sage: Eine der wichtigsten Eigenschaften von Alkohol ist seine Entfaltung in der Quantität oder, volkstümlicher ausgedrückt: Das Beste am Alkohol ist, dass man davon betrunken wird.

Und exakt das ist mir verboten, seit ich die Franzis ausbrüte. Die Mutterwerdung ist ja im Unterschied zur Vaterwerdung mit viel Unbill verbunden. Der Lange nimmt zwar solidarisch zu, darf sich aber in Wien fröhlich durch seine Schwangerschaft saufen, während ich meine Schwangerschaft nüchtern in Zürcher Lokalen versitze und mich langweile. Am langweiligsten finde ich – und das ist eine durchaus quälende Erfahrung – mich selbst. Mein nüchternes Ich. 15 Jahre lang bildeten Ausgehen, Trinken, Lustigsein ein tragendes Trio meiner Charakterkonstruktion, nun hat sich das Trinken verabschiedet, und die andern beiden können nicht mehr miteinander. Es ist deprimierend. Ich sitze durstig, dick, gähnend und mit stierem Blick in Bars und Restaurants, ein Schatten meines früheren strahlenden Selbst. Weshalb ich, um meinen Freunden diese gruselige Offenbarung zu ersparen, lieber gar nicht mehr ausgehe.

Stattdessen starre ich nächtens nüchtern in mein TV-Gerät, während in der Küche mein Mitbewohner Ossi zum Beispiel mit seinen Freunden Skat spielt. Und als ich mir letztes Mal, als die Buben grad skatieren, etwas Orangensaft aus dem Kühlschrank hole, stellt mir Fipsi, einer von Ossis Skatologen, folgende Frage: «Sag mal, du hast aber ziemlich zugenommen, was?», worauf sich am Skattisch besorgtes Gezischel erhebt. Fipsi schaut ratlos um sich und weiß nicht, was er falsch gemacht hat. Alle andern wissen es, wollen aber nicht darüber sprechen. Weshalb mir die Aufgabe zufällt, Fipsi über eine der Generalwahrheiten des Lebens aufzuklären: Fipsi, nie fragt man eine Frau, ob sie zugenommen hat. Fipsi sagt, ja, aber wenn sie schwanger ist und es ist so offensichtlich! Wo ich sagen muss: Fipsi, eine Situation, in der man eine Frau fragen darf, ob sie zugenommen hat, existiert innerhalb dieses Raum-Zeit-Kontinuums nicht. NIE und NIRGENDS, Fipsi. Fipsi hat dann gesagt, na gut, dann schreibt er sich das rot in sein Tagebuch und macht es fortan halt nicht mehr.

Und falls es Gottes Wille war, mich nach Zürich zu schicken, um Fipsi in das gleißende Licht dieser Erkenntnis und auf den Pfad der Tugend und des Takts zu führen, so ist meine Mission erfüllt, gelobt sei der Allmächtige.

# Große Brüste blöd

Eigentlich habe ich auf die Nachricht mit geradezu stoischer Gelassenheit reagiert. Ich meine, für jemanden, der im Alter von 17 Jahren folgenden Schwur leistete: «Falls ich jemals ein Kind bekommen und dieses Kind weiblichen Geschlechts sein sollte, so gelobe ich, dass es ein Einzelkind bleiben wird. Nie im Leben werde ich meiner Tochter ihr Leben versauen, indem ich sie mit einer Schwester aufwachsen lasse.» Das war zu jener Zeit, als ich einer meiner beiden jüngeren Schwestern mit Lippenstift «ICH HASSE DICH» aufs Fenster malte. Was daran lag, dass sie mir mal wieder einen Freund ausgespannt hatte, was daran lag, dass ich zu jener Zeit mit schwarz gefärbter Stachelschweinfrisur, zerfetzten Leopardenjeans und der Kenntnis des Werks Thomas Bernhards auf mich aufmerksam machte, meine Schwester dagegen (nebst anderen Vorzügen, die daneben allerdings in Irrelevanz verblassten) mit einem Busen. Und ich gelangte ja erst kürzlich zur Überzeugung, dass der Busen im Allgemeinen und der große Busen im Besonderen völlig überbewertet wird. Weil ich nämlich, seit ich die Franzis brüte, etwas vor mir hertrage, das die Bezeichnung Busen erstmals verdient.

Und obwohl ich mir genau das seit meinem 15. Jahr wünschte, gebe ich hiermit folgende Erklärung ab: Ich finde große Brüste blöd. Sie sind zu schwer und immer irgendwie im Weg, und was das Schlimmste ist: Sie gefallen mir überhaupt nicht. Sedlacek, den ich kürzlich mal wieder getroffen habe, ist zwar der Meinung, dass ich solche Wertungen bitte schön gefälligst den Männern überlassen soll. Trotzdem: Lieber Gott, wenn irgendwie möglich, möchte ich bitte meinen kleinen Busen wiederhaben, sobald ihn die Franzis nicht mehr brauchen, amen. (Und wenn wir schon beim Verkleinern sind: den Hintern bitte auch, danke schön.)

Ähem, die Franzis. Davon handelt nämlich die tapfer aufgenommene Nachricht. Weil sich eine geschichtliche Tragödie ja stets als Farce wiederholt, wie mal ein kluger Mensch ungefähr gesagt hat, das war, warten Sie mal, warten Sie mal, ach ja, Marx. Jedenfalls macht sich mein Schicksal über mich lustig, indem es die Tragödie meiner Jugend jetzt sozusagen als Sequel noch mal wiederholt. Was mir klarwird, als der Herr Ultraschall-Professor auf drei weiße Punkte auf einem schwarzen Bildschirm, die für mich wie drei weiße Punkte auf einem schwarzen Bildschirm aussehen, deutet und erklärt, daran sehe man eindeutig, dass es sich auch bei diesem Fetus um einen weiblichen handle. Wie schon beim anderen. Also sind die Franzis Mimis. Alle beide.

Und darüber hat sich nicht nur meine zwei Jahre jüngere Schwester (der ich großzügig verziehen habe) scheckiggelacht, sondern auch meine andere zwei Jahre jüngere Schwester (der ich nicht zu verzeihen brauchte, weil sie auch keinen Busen hatte). Meine Mutter grinst auch. Und der Lange reibt sich sowieso die Hände; dem sind Mimis nämlich mehr als recht, weil er sagt: Da bist dann immer du die Böse. Und ich bin der liebe Papa. Hören Sie es? Wie mein Schicksal über mich wiehert?

## Der Fluch des Grillers

Mein Versuch, den Langen davon zu überzeugen, es liege am Mond und anderen kosmischen Kräften, dass die Forsythie auf unserer Veranda ihre Blätter gen Erdmittelpunkt richtet, wird vom Langen mit einem kleinen Experiment – gießen, warten, da schau her! – leider widerlegt. Aber der grüne Daumen wächst nun mal am Langen, nicht an mir.

Meine Aufgabe dagegen wäre es, den neu erworbenen ungarischen Kugelgriller zusammenzubauen. Allerdings beschließe ich, diesmal bereits an Punkt 1 der Aufbauanleitung – was für Unterlegscheiben? – zu scheitern und mich jetzt mal meiner angestammten weiblichen Kernkompetenz – Schwangersein – zu besinnen und dem Langen all jene Aufgaben zufallen zu lassen, die erst die Evolution und dann die Emanzipation für die Männer vorgesehen haben: im Stehen pinkeln, alles andere und den ungarischen Kugelgriller zusammenbauen.

Das bedeutet eine empfindliche Störung des natürlichen Gleichgewichts in unserem Haushalt. Denn früher hatten der Lange und ich die Kompetenzen klar verteilt: Er war für die kulinarische Versorgung der Haushaltsangehörigen zuständig, ich kümmerte mich um alles Technische, etwa das Anschließen von TV-Geräten und Waschmaschinen und die Montage von Möbeln und Kugelgrillern. Das entspricht nun mal unseren jeweiligen Talenten.

Dabei habe ich stets bedauert, dass ich unfähig bin zu dieser weiblichen Hilflosigkeit, zu der fast alle Männer außer Haemmerli und der Lange eine Affinität haben. Diese Unfähigkeit hat, abgesehen von einer inhaltlich ideologischen Ablehnung, durchaus auch formale Gründe: Denn wie Mizzi, Pia und ich mit großer Berechtigung behaupten dürfen, tendiert männliche Hilfsbereitschaft unweigerlich gegen null, wenn man als Frau mehr als 175 Zentimeter und/oder 65 Kilo misst. Unsere kleine, zierliche Freundin Lotte dagegen ist an und für sich ohne weiteres in der Lage, einen ungarischen Kugelgriller in wenigen Minuten zusammenzubauen, vor 500 Leuten frei zu sprechen oder, wenn es die Situation erfordert, einen blöden Kerl gekonnt in die Eier zu treten. Aber sobald ein toller Kerl sich nähert, verliert sie auf der Stelle die Fähigkeit, einen Schraubenzieher von einer Motorsäge zu unterscheiden, eine Tür zu öffnen oder eine Tasche von über 400 Gramm zu tragen.

Und die Männer liegen ihr dafür zu Füßen. Weil Lottes herzzerreißende Hilflosigkeit im Verbund mit einer speziellen Art von Wimpernschlag die Männer offenbar zu ganzen Männern macht, zu Männern, die noch gebraucht werden. (Ganz nebenbei wird ihnen auch noch so eine erotische Unschuld suggeriert, auf die nur ganz wenige Kerle nicht scharf sind.)

Natürlich macht auch ein dicker Babybauch die Männer zu Kavalieren, allerdings wird ihre Hilfsbereitschaft mir gegenüber derzeit ungefähr von jener erotischen Energie angetrieben, mit der sie einem 98-jährigen Tattergreis über die Straße helfen. Toll. Anderseits: Aus welchen Gründen dieser Blech- und Schraubenhaufen da jetzt zum Kugelgriller wird, ist mir eigentlich egal. Hauptsache, ohne mein Zutun.

# Grüße vom Resthirn

Der ungarische Kugelgriller wurde dann vom Pauli zusammengebaut. Der Pauli wohnt nicht weit von uns, aber ohne Balkon, weshalb unser Balkon im Sommer sozusagen Paulis Naherholung dient: Jedenfalls hab ich dem Pauli am Telefon das Leid vom Kugelgriller geklagt, quasi: Kein intakter Kugelgriller, keine Eröffnung der Grillsaison, worauf der Pauli gesagt hat, ob es mir recht wäre, wenn er in einer Viertelstunde mit dem Schraubenzieher kommt. Es war mir recht. Danach bot es sich natürlich an, die Grillsaison sofort mit einer kleinen Spontan-Grillage zu eröffnen, und das haben wir gemacht.

Ich erzähle Ihnen das, weil es etwa das Aufregendste ist, was in meinem Leben derzeit außerhalb meines Bauches passiert. Was sich auch an der Frequenz von Sedlaceks Anrufen ermessen lässt, der früher mehrmals täglich meine Nummer wählte und nun alle heiligen Zeiten mal anruft und sagt: Was machst du grad?, und ich ächze dann etwas wie ach, ich liege auf dem Sofa, die Mimis strampeln im Bauch, und Sedlacek sagt dann etwas wie, oh, toll und dass er, ähm, sorry, grad einen unglaublich wichtigen Anruf auf sein anderes Handy kriegt und sich danach sofort wieder melden wird. Wobei diese wichtigen Anrufe in letzter Zeit die Tendenz haben, fünf, sechs Wochen zu dauern. Ich kann ihm das nicht verübeln, weil es gibt auf der Welt nichts Langweiligeres als schwangere Frauen, die deswegen nur von einer einzigen humanoiden Spezies ertragen werden: anderen schwangeren Frauen. Das Gute ist, dass dieses Babyhormon zu neunzig Prozent verhindert, dass man sich an eine Zeit erinnert, in der man ein normaler Mensch mit einem Gehirn, einem Interesse für nicht geburtliche Vorgänge, mit Stöckelschuhen, feschen Blusen und einem an der rechten Hand festgewachsenen Gin-Tonic-Glas war. Nicht zu viel Eis, bitte. Das Schlechte sind die restlichen zehn Prozent. Dieser Kummer! Dieser Schmerz!

Zum Beispiel mailt Rosi mir, dass sie kürzlich bei einer Lesung von Christian Kracht im Pfauen war, «und dann hat der Kracht anstatt seiner Texte ‹Das Jagdgewehr› von Yasushi Inoue vorgelesen, einen Text, den ich von Herzen hasse, und ich musste den Saal verlassen. Kathi auch, sie musste dringend pissen.» Also haben die beiden Mädels dort im Foyer etwas Alkohol getrunken, wurden alsbald von zwei weiteren Mädels unterstützt, landeten sodann folgerichtig in der «Kronenhalle», und gegen Mitternacht hat Rosi dem Herrn Kracht, der gleichfalls in der «Kronenhalle» gelandet war, die Nationalhymne vorgesungen. «Und Kracht», schrieb Rosi, «weinte in seine grüne Margiela-Weste, dass er so gerne ein Schweizer Schriftsteller sein möchte. Als wir ihm dann sagten, dass er doch bestimmt nicht wie der Muschg sein will, hat er gefragt: ‹Wer ist denn das?›. Es war also recht heiter.»

Das hat bei mir natürlich den Zehn-Prozent-Rest aktiviert. Und ich gestehe, da hätte ich vor Sehnsucht nach meinem alten Leben beinahe ein paar Tränen vergossen. Strafweise hat mich dann eine der Mimis in die Blase getreten; aber so.

# Bei den Außerirdischen

Immerhin hat es auch ein paar Vorteile, Zwillinge zu kriegen. Erstens wird man von Ärzten und in Krankenhäusern bevorzugt behandelt, zweitens werfen einem andere Zwillingseltern kraft einer gewissen Arme-Schweine-Solidarität begeistert all jene Dinge nach, aus denen ihre Zwillinge bereits herausgewachsen sind. Aus diesem Grund schleppte ich den Langen und meinen Bauch gestern zu den Seidenbergs, und es war sehr nett dort: Ihre Zwillingsmädchen starrten uns mit ihren großen runden Außerirdischenaugen recht desinteressiert an und widmeten sich im Weiteren ihren offenbar sehr viel spannenderen Außerirdischentätigkeiten wie dem Versuch, mit einem Legostein eine Kerbe in den Parkettboden zu pecken oder eine Tube Rheumasalbe auszusaugen. Zwischendurch retteten sie routiniert ihr Leben, das von ihrem größeren Bruder in Zehnminutenabständen durch recht ungenierte Attacken bedroht wurde. Ach, das sei normal, sagte Mutter Seidenberg, das versuche er, seit die Zwillinge auf der Welt seien, und für die Zwillinge sei das doch eine ganz gute Einführung in den Verdrängungskampf da draußen. Dennoch legten der Lange und ich hinterher, als wir Wippen und Kindersitze und Anziehsachen im Auto verstauten, ein feierliches Bekenntnis zur Zweikindfamilie ab und gelobten lückenlose Verhütung, bis das Klimakterium uns erlöse.

Es ist nämlich nicht so, dass die Kinder anderer Leute

irgendwie erträglicher geworden wären, nur weil wir jetzt selber in Erwartung sind. Die Kinder anderer Leute sind so fremd und störend wie immer und werden vom Langen und mir weiterhin argwöhnisch, wenn auch mit gesteigertem Interesse beobachtet. Zum Beispiel stellte ich neidisch fest, dass die Seidenberg-Kinder alle ordentliche Namen haben, was man von den Mimis bislang nicht behaupten kann, da alle meine Lieblingsnamen vom Langen abgelehnt und mit unterirdischen Gegenvorschlägen der Kategorie Wilma und Friederike, Hasi und Mausi, Nutella und Nivea oder Eins und Zwei gekontert werden.

An dieser Stelle rate ich allen Zartbesaiteten, die Lektüre zu beenden, denn es folgen Ausdrücke, die für Idylliker wenig geeignet, im Sinne der Wahrheit aber unumgänglich sind. Denn ich befürchte bereits, dass es bei uns zu Hause so ähnlich zugehen wird wie im Haushalt meiner hochgeschätzten Kollegin Fanny, die im Laufe von 20 Jahren vier Söhne gebar, die alle auf den Namen Arschloch hören. Genauso wie das Mama und Papa tun. Ich weiß das, weil ich eines Sonntags dort eingeladen war und beobachten durfte, wie sich die ganze Familie stundenlang beschimpfte, unter anderem mit Hilfe eines Haustelefons, das offenbar ausschließlich zu dem Zweck installiert worden war, den Bewohnern die Überwindung lästiger Distanzen zu ersparen, wenn ihnen nach ein bisschen Anbrüllen war.

Allerdings geschah diese Anbrüllerei auf der Basis großer gegenseitiger Zuneigung; man konnte sozusagen spüren, dass sich die ganze Familie Arschloch von Herzen liebt; auch wenn ich jetzt schwer beschreiben kann, wie. Trotzdem wünsche ich, dass die Mimis mit richtigen Namen aufwachsen.

# Ich komme, um mich zu beschweren

Punkt 1: Weil eine der Milchglasplatten im Balkongeländer beim letzten Sturm zerbrochen ist, habe ich vor vier Wochen einen Glaser bestellt, der schon heute einen Termin frei hatte, und zwar zwischen sieben und elf. Sieben. In der Früh. Das ist kein schöner Zug.

Punkt 2: Der Glaser steht um 6 Uhr 45 vor der Tür. Das ist eine Sauerei; die Rache der Handwerker an den Menschen, die ein bisschen länger schlafen dürfen, diese Andere-Leute-müssen-aufstehen-für-ihr-Geld-Arroganz, wobei dem Handwerker, jedenfalls in Wien, montags bis donnerstags um 16 Uhr, freitags um 12 Uhr das Werkzeug naturgesetzmäßig aus den Fingern fällt, da greift die Handwerkerhand einfach nicht mehr, komme, was wolle.

Punkt 3 schickt mir Haemmerli E-Mails mit dem Subjekt «Schatz, du musst jetzt stark sein und ab und zu den Faden zu deinem alten Leben aufnehmen», beschwert sich also, dass ich nicht wie früher, als ich noch ganztägig in einem Büro saß, seine Mails fünf Minuten nach ihrem Eintreffen mit wohl formulierten kleinen Kommentaren beantworte. Das von einem Mann, der mir nach wie vor seine «Mein Leben als Lesbe»-Dossiers schuldet. Ganz offensichtlich kann sich Haemmerli ein Leben ohne Bauchmuskulatur, aber mit sieben Kilo Bauch nicht vorstellen. Na gut, wie sollte er auch. Das Schwangersein wird ja in der Rezeption ständig total verniedlicht, und wie anstrengend und manchmal auch demütigend das alles sein kann, sagt einem ja keiner. Plus: Schwangersein macht blöd. Ja, Leserschaft, haha, ich weiß, dass Ihnen das schon aufgefallen ist …

Punkt 4 hat das meine hiesige Jassrunde, mit der ich seit mehr als zehn Jahren regelmäßig spiele, scheint's auch schon bemerkt, die Burschen finden ständig einen Vorwand, keine Zeit zu haben. (Was wiederum Fräulein Anka von der unlängst leider verblichenen Zürcher Band Swandive nicht weiter überraschen wird, die hatte einst in Zürich das Unvergnügen, mit mir jassen zu müssen, wobei wir gegen Ossi und Fipsi verloren, was zugegebenermaßen eine Schande ist. Ich habe zu meiner Verteidigung allerdings Folgendes vorzubringen: 1. Ihr Schweizer spielt in die falsche Richtung. 2. Eure Jasskarten sehen anders aus als unsere. 3. Ich war total betrunken.)

Punkt 5: Hiermit stelle ich den Antrag, dass Schwangerschaften in Hinkunft höchstens sieben Monate dauern sollen. In sieben Monaten hat man nämlich locker alle notwendigen Bücher gelesen, den Ikea-Wickeltisch zusammengebaut, die alten Babysachen der Freundesbabys abgeholt und den Langen, Haemmerli und den Rest des Bekanntenkreises bis Oberkante Unterlippe mit Ächz und Stöhn terrorisiert. Sieben Monate sind genug! Ich richte diese Rede ausdrücklich nicht an die Mimis – ihr bleibt da brav noch ein paar Wochen drin! –, sondern an die Evolution, der es schließlich auch gelungen ist, den europäischen Menschen in den letzten drei, vier Jahrhunderten um fast 30 Zentimeter größer werden zu lassen. Dagegen muss es doch ein Klacks sein, die Entwicklung eines Fetus ein wenig anzukurbeln. Langer? LANGER!! DA IST WAS, KOMM SCHNELL!!!

# What a difference a day makes

Schließlich hab ich zum Langen gesagt, so, ich will jetzt sofort ins «Rhiz» und endlich mal wieder Bier trinken. Das haben wir gemacht, und ich stellte fest, dass der «Rhiz»-Barhocker wieder gut an meinen Hintern passt und das kleine Starobrno mir noch immer ausgezeichnet schmeckt; das zweite übrigens auch. Als wir dann vernünftig sein und gehen wollten, kam der Herbie Molin, der Wirt vom «Rhiz», von der «Blue Box» und vom «B72», den ich schon ewig nicht gesehen hatte, und sagte, no, wie geht's, und ich sagte, ausgezeichnet, wir haben vor zehn Tagen zwei hübsche Mädels gekriegt. Der Herbie hat gesagt, gratuliere, und ich hab gesagt, danke und wie geht's selbst?, und der Herbie hat gesagt, eh gut, leider ist grad das «B72» abgebrannt. Ich hab gesagt, oje!, das ist aber blöd, und der Herbie hat gesagt, ja genau, und dann hab ich etwas gesagt, das ich ein halbes Jahr nicht mehr gesagt habe: Ich sagte: Ach was, eins geht noch.

Nur weil Sie sich Sorgen machen: Den Mimis geht es ausgezeichnet. Sie sind gesund. Sie sind süß. Sie sind unerhört schön. Sie haben sich bloß zwei Monate zu früh den Weg in die Welt freigetreten und sind deshalb etwas zu klein und dünn geraten, weshalb wir nach einer anstrengenden Odyssee von hier nach da und dort jetzt zusammen in einer Kinderklinik wohnen, und eben hatte ich meine ersten zwei Stunden Freigang. Die Mimis liegen in einem beheizten Bett, lernen zu trinken, ihre Körpertemperatur zu halten, die Schwerkraft zu ertragen und tapfer gegen das grelle Licht in dieser Welt anzublinzeln. Während ich – wenn möglich gemeinsam mit dem Langen – ihnen die Ohren voll quatsche, sie abschmuse, streichle, wickle, bade, füttere und so lieb habe, wie ich nie dachte, dass ich jemanden je lieb haben könnte.

Dabei hatten wir keinen romantischen Start. Ich erspare Ihnen die Details, aber die Mimis wurden aus mir rausgeschnitten, sofort in die Neonatologie gebracht, und am ersten Tag durfte ich sie vielleicht zehn Minuten lang im Arm halten. Und als ich am nächsten Tag endlich richtig an ihnen schnuppern und sie bestaunen konnte, erschienen drei Ärzte und zwei Schwestern und erklärten mir, dass sie mir die Mimis nun wieder wegnehmen und in einer weit entfernten Kinderstation unterbringen würden. Da hätten Sie mich sehen sollen. Mir ist das Wasser praktisch waagrecht aus den Augen gespritzt. Ich hab geschluchzt, dass sie mir bittebittebitte nicht meine Kinder wegnehmen dürfen! Weil es den Mimis auf keinen Fall irgendwo anders besser gehen kann als bei mir! Bitte nicht!!

Genutzt hat es nichts. Also hab ich die Mimis im Rollstuhl heulend in die Station begleitet, hab ein paar Stunden heulend zwischen ihren Brutkästen gesessen, hab zurück in meinem Zimmer mit dem Heulen nicht mehr aufhören können und mich in der Nacht schließlich noch mal zu den Mimis rollen lassen, wo ich ihnen beim Schlafen zugesehen und mich langsam beruhigt habe. Und als ich mich dabei erwischte, wie ich überlegte, an wie vielen Toden die Mimis sterben könnten, während ich rasch auf die Toilette schlurfe, da wurde mir klar, dass ich nun Mutter bin; und es für immer sein werde. What a difference a day makes.

# Ende der Schonzeit

Mails und Briefe des Inhalts, ich solle doch bitte keine Zeile mehr schreiben, solange ich schwanger sei (und wenn möglich auch hinterher), habe ich bis vor etwa drei Wochen mit demütigsten Entschuldigungen erwidert. Seither beantworte ich sie wieder wie früher mit dem Hinweis, dass «Drüberblättern», «Seiterausreißen» und «andere Zeitung lesen» zu den kollektiven eidgenössischen Kulturtechniken gehören, seit der totalitäre Sozialismus in der Schweiz abgeschafft wurde; trotzdem danke für Ihre Anregung.

Falls ich sie überhaupt beantworte, denn seit ungefähr drei Wochen bin ich nicht mehr schwanger, habe also erstens empfindlich weniger überflüssige Zeit (weshalb ich mich hiermit bei den Verfassern netter Leserbriefe dafür entschuldige, dass ich ihnen ebenfalls nie antworte). Zweitens bin ich kein Opfer hormoneller, emotionaler und mentaler Labilitäten mehr, kann also einerseits wieder mit einiger Sicherheit zwischen deppert und nicht deppert unterscheiden und geniere mich anderseits nicht mehr für mein Dasein. Also Vorsicht. Auch wenn ich mich – und das ist kein Witz – nicht mehr daran erinnern kann, wie es sich anfühlte, schwanger zu sein; ich habe bloß noch eine Ahnung davon, dass es einigermaßen beschissen war. Denn interessanterweise ist der Mutterwahn weit weniger schlimm als der Schwangerschaftswahn, weil es sich beim Mutterwahn um etwas Logisches, Scharfkantiges, Abgegrenztes, streng auf die Mimis Reduziertes und von Hormonschüben Unbelastetes handelt, was man vom Schwangerschaftswahn nicht behaupten kann, das war wie acht, neun Monate durchgehend bekifft und also völlig kaputt im Schädel sein.

Aber wir waren ein letztes Mal beim Schwangersein, das einem das Dasein sozusagen 24 Stunden am Tag mit hormonellem Dauergaga versaut, während das Muttersein sich abstrahieren, konzentrieren und flexibel handhaben lässt: Jetzt bete ich die Mimis an, jetzt trink ich im Kreise der Freundinnen ein, zwei, drei Martinis, jetzt füttere ich die Mimis, jetzt mail ich Haemmerli was Schweinisches, jetzt tret ich mal Sedlacek ein bisschen in den Hintern, jetzt schick ich Dr. Robert und den anderen Zürcher Freundinnen endlich ein paar Mimi-Fotos, und jetzt erzähle ich vielleicht noch schnell, dass die Mimis am Ende doch noch mit ordentlichen Namen versehen wurden. Ordentlich in dem Sinne, dass den Mimis ein würdevolles Heranwachsen nicht schon durch ihre Namen verunmöglicht wird, wie Pospischil junior, der vor den Mimis am Standesamt eingetragen wurde. Die Standesbeamtin: «Muhammed Ali mit oder ohne Bindestrich?» Vater Pospischil: «Äh … mit. Oder doch ohne?»

# Reine Theorie

Schnell, schnell. Die fabelhaften Mimis schlafen gerade, was sie nicht mehr so häufig tun wie noch vor einer Woche. Eigentlich schlafen sie kaum mehr, nur noch nach dem Essen. Das gilt leider auch für die Nacht, und was das jeden Morgen für mich heißt, fasste Raymond Chandler in «The Big Sleep» in einem der wahrsten Sätze der Literaturgeschichte zusammen: «I'm old, tired and full of no coffee.» Obwohl das im Augenblick nicht mehr stimmt, denn wir haben gerade gefrühstückt, die Mimis und ich, und dazu «Heartbreaker», das erste Soloalbum von Ryan Adams, gehört; den finden wir gut. Besonders ich. Das ist wenig originell, alle alten Weiber mit Vergangenheit, die Bob Dylan mögen, finden Ryan Adams gut. Ryan Adams ist genau der Typ, den sich Frauen wie ich – und ich spreche hier rein theoretisch, gell, lieber Langer? – als Liebhaber wünschen: weil er a) jung, b) hübsch, c) talentiert, d) draufgängerisch, e) selbstbewusst, f) klug und g) sensibel ist. Bitte merken Sie sich diese Aufzählung, die brauchen wir später noch.

Erstaunlicherweise scheint der Typ Ryan Adams in der Realität nicht nur tatsächlich zu existieren, er dürfte auch – was ihn zusätzlich auszeichnet – ein Faible für erfahrene Damen haben. Zumindest gilt das für die Buben, die Kathi und Mizzi gerade leidlich erfolgreich den Hof machen. Speziell Mizzi, die mir, wenn wir uns heute Abend im Café «Engländer» ein paar Achterl einziehen, wieder von ihrem Buben vorschwärmen wird, der seit einigen Monaten ihren Alltag aufpeppt. Der Bub, das konnte ich, als er Mizzi letztes Mal vom Mädelsabend abholte, sehen, ist ein recht herrliches Geschöpf mit blühenden Backen, blitzendem Blick, knackigem Popsch, zupackenden Händen und einem für einen Twentysomething gut ausgebildeten Gehirn, das er – braver Bub! – auch während der Konversation einsetzte.

Und es ist wahrscheinlich kein Zufall, dass solches für alle Buben meiner Freundinnen signifikant ist und den Unterschied zu den jugendlichen Geliebten älterer Herren markiert, was Sedlacek, der gerade ungern auf die 40 zumarschiert, mal wieder exemplarisch mit einer neuen jungen, hübschen Geliebten vorführt. Haben Sie die Aufzählung noch parat? Denn selbstverständlich gelten außer den Attributen a) und b) die weiteren nicht für Sedlaceks Begleiterinnen. c), d), e), f), g) sind weder gefordert noch erwünscht, da Sedlacek, wie er mir erklärte, nicht darauf erpicht ist, mit seinen Begleiterinnen in eine intellektuelle Konkurrenz zu treten (was Sedlacek ohnehin nicht passieren kann, aber das ist ihm nicht so bewusst). Während die meisten Frauen (respektive alle meine Freundinnen) auch von einem jugendlichen Liebhaber mehr als nur körperliche Talente erwarten. Er soll ruhig klug sein. Er darf schon mal was gelesen haben. Er soll schon auch ansehnlich sein, aber er darf durchaus auch eine eigene Meinung haben und dieser Ausdruck verleihen. Und er darf ohne weiteres auch was können: Denn Frauen wie uns kann man auch ins Bett debattieren, formulieren oder – Ryan Adams wird das vermutlich bestätigen – musizieren. Das war jetzt wieder rein theoretisch, lieber Langer.

# Konfektionsgröße 12

Was ich Ihnen nie erzählt habe: Ich hab ja erst vor zwei Jahren das Autofahren gelernt. Gelernt im Sinne von: Ich hab die Prüfung bestanden. Bloß bin ich danach nur ein Mal gefahren, auf dem Land, mit meiner Schwester. Aber jetzt, als Mimimami mit Tagesfreizeit, ist fahrerisches Geschick gefragt, also fahre ich. Soeben konnte ich Sedlacek am Telefon stolz berichten, wie ich heute zum ersten Mal völlig allein und ohne des Langen Aufsicht Auto gefahren bin und wie ausgezeichnet alles gelaufen ist und dass der freundliche ältere Herr, der mein Auto schließlich aus der Parklücke in der Parkgarage befreite, auch der Meinung war, dass ich den Wagen wirklich originell in die Lücke gewuzelt hatte. Der Herr war auf mich aufmerksam geworden, als ich gerade beabsichtigte, den Rückspiegel des Nebenautos mit Hilfe meiner Beifahrertür zu entfernen. Glücklicherweise war ich schneller wieder bei meinem Wagen als der Besitzer des geretteten Rückspiegels, der allerhöchstens Konfektionsgröße 12 hätte haben dürfen; fahrerseitig …

Wenn der mir aus Rache die Reifen zerstochen hätte, ich hätte das glatt entschuldigt. Der Lange, Mitbesitzer meines Autos, vermutlich weniger. Der Lange hätte mir den Kopf abgerissen. Denn der Lange ist gatten- und vatertechnisch ein vorbildlicher Mann, beifahrertechnisch aber nicht. Als ich den Wagen gestern – und die Mimis in ihren Sitzschalen sahen keinerlei Grund, sich über meinen

Fahrstil zu beschweren – aufs Land, in Richtung Donau-Strand steuerte, saß der Lange auf dem Beifahrersitz und machte mich mit seinem Geseufze und Augenverdrehen und Hände-vors-Gesicht-Schlagen komplett narrisch. Das habe ich, Herrgottnochmal, auch gehört, dass das Getriebe geknirscht hat, das braucht er mir nicht auch noch mit einem Zischen bestätigen. Und dass man rechts und links verwechselt, kann bitte vorkommen, ich finde es nicht notwendig, dass man deswegen gleich brüllt. Und die Frage «Kreuz und Zwirn! Was machst du denn da um Himmels willen!?!?» kann ich eben gerade nicht beantworten. Ich muss zugeben, dass ich auf der Rückfahrt auf dem Beifahrersitz drei kleine Worte mit einer gewissen Genugtuung formuliert habe. Rot. ROT! ROOOOOT!!!! Danke, wir sind alle gesund.

Apropos gesund, jetzt muss ich mich endlich mal für die vielen netten Gratulationen zur Geburt der Mimis bedanken: Danke, liebe Leserinnen! Danke, liebe Leser! Danke, lieber Urs Widmer! Letzterem gegengratuliere ich allerherzlichst zur gelungenen Opawerdung, die scheints ähnlich intensive Gefühle auslöst wie die Mutterwerdung, und das unter Ausschluss jedweder körperlichen Versehrtheit, wie ich neidvoll annehme. Sie passen doch sicher noch in alle Ihre Hosen, Herr Widmer, nicht wahr? Aber vielleicht nehmen moderne engagierte Großväter ja während der Schwangerschaft ihrer Töchter und Schwiegertöchter solidarisch zu, wie moderne engagierte Väter mit ihren Frauen. Ich fände das reizend.

## You're a big girl now

Bis vor ein paar Wochen habe ich jedem – auch Ihnen, falls Sie sich erinnern –, der mich nach dem Befinden von Mimis und Mami gefragt hat, gesagt: Es ist herrlich, es ist babyleicht, es ist gar nicht anstrengend, aber fragen Sie mich in vier Wochen noch mal, wenn die Mimis mehr als drei Stunden täglich wach sind. Diese vier Wochen waren schon nach 18 Tagen zweifelsfrei um, und das Mail, in dem mich meine Freundin Pia wegen meiner Junge-Liebhaber-Kolumne des galoppierenden Schwachsinns bezichtigt hat, beantworte ich nun schon seit fünf Tagen. Dreieinhalb Sätze zu meiner Verteidigung hab ich schon beisammen. Denn jetzt sind die Mimis oft wach, oft abwechselnd, und wenn sie wach sind, wollen sie unterhalten werden, die vergnügungssüchtigen kleinen Monster. Jetzt zum Beispiel schlummert die eine Mimi zufrieden in ihrer Wippe, während ich die andere Wippe mit meinem rechten Fuß ihrer Bestimmung zuzuführen habe, und zwar gleichmäßig, weil die andere Mimi sonst empört ihren Schnuller ausspucken wird, fuchteln, losbrüllen und damit die eine Mimi aufwecken, die empört ihren Schnuller ausspucken wird und so weiter; jedenfalls habe ich dann einen hübschen Stereogesang beieinander, da kann Michael Hurley, dessen Song «The Rue of Ruby Whores» von seinem schönen neuen Album «Sweetkorn» ich gerade höre, die Klampfe einpacken. Immerhin hab ich jetzt seit dem Wort «gleichmäßig» störungsfr… Tja. Bis später, Leserschaft.

Nachdem ich mich letztes Mal über zu kleine Hosen beklagte, habe ich jetzt beschlossen, dass abgenommen wird, und der Lange, der ja brav solidarschwanger war und sozusagen noch immer ist, hat ein gewisses Interesse daran gezeigt, an meiner Diät zu partizipieren. Er begehrte also zu wissen, was es da so zu essen gibt, und ich hab gesagt, Obst und Magerjoghurt und Knäckebrot mit Hüttenkäse light und Putenschinken und Tomaten und am Abend einen Salat ohne Hauptspeise, und der Lange hat gesagt, Himmel, davon wird doch kein Mensch satt, und ich hab versucht ihm zu erklären, dass das sozusagen der Knackpunkt einer Diät ist. Aber der Lange hat gesagt, Hüttenkäse ist was für Mädchen, ein richtiger Mann lehnt das ab, denn ein richtiger Mann trägt keine kurzen Hosen, fährt nicht mit einem Kinderroller, isst keinen Hüttenkäse und aus. Und das ist vollkommen in Ordnung mit mir, solange all die momentan notwendigen Babyverrichtungen nicht mit des Langen Definition echter Männlichkeit kollidieren, und das scheinen sie nicht zu tun.

Und zwar überhaupt nicht. Ich kenne Männer, die finden es unmännlich, auch nur neben ihrem Kinderwagen herzugehen (Schieben? Nie! im! Leben!!), und der Lange hat früher, wenn uns Freunde mit Nachwuchs besucht haben, zu diesem jeweils genau einen Satz gesprochen: Bleib bloß von meinen Platten weg. Ich gebe zu, dass auch ich überrascht bin, dass der Lange jetzt mit seinen eigenen Mimis nicht das geringste Problem hat, auch dann nicht, wenn sie aus Leibeskräften herumkrakeelen oder ihre Windeln voll gekackt haben. Und darüber bin ich so froh, da kann er von mir aus die nächsten fünf Jahre auf Schweinsbraten-und-Bier-Diät sein, das ist mir völlig egal.

# Supermummys Rise and Fall

Mizzi ruft mich an und fragt, wie es mir und den Mimis geht, und ich sage, Mizzi, die Mimis sind die süßesten Babys der Welt, wenn sie nicht gerade brüllen, aber sie brüllen die meiste Zeit, es ist unfassbar anstrengend, und ich komme zu nichts mehr und habe mich seit Tagen nicht angezogen, was egal ist, weil ich ja doch nur von früh bis spät von oben bis unten vollgekotzt werde, und ich bin zu erschöpft, mir zu überlegen, was ich gerne machen würde, wenn ich nicht so erschöpft wäre. Mizzi sagt, na endlich, denn sie hat dieses Gequatsche von wegen es ist alles nur eine Frage der Organisation von diesen ach so gelassenen Supermamis so was von über, sie kann es nicht mehr hören, dass Kind und Beruf und Haushalt alles kein Problem ist, und sie bedankt sich, sagt Mizzi, im Namen aller Mütter, die bereits bei einem Kind nicht mehr wissen, wo ihnen der Kopf steht, ganz herzlich für dieses Eingeständnis meiner Durchschnittlichkeit und dafür, dass es mir manchmal richtig dreckig geht.

Bitte, gern geschehen. Denn: O ja, manchmal geht es mir richtig dreckig. Manchmal, wenn die Mimis abends die Dämmerung anplärren, setze ich mich dazu und plärre ein bisschen mit. Es war ein erfolgreicher Vormittag, wenn es mir gelungen ist, mich zu duschen. Meine derzeit anspruchsvollste Lektüre sind Rezepte von Gerichten, die ich zubereiten würde, wenn ich mal Zeit hätte. Oder wenn ich es schaffen würde, aus dem Haus zu kommen, um die

Zutaten zu besorgen. Kürzlich wollte ich schnell was einkaufen – Windeln und Poposalbe und Feuchttücher und solches Zeug –, und als ich endlich beide brüllenden Mimis eingepackt und auf der Straße hatte, die eine umgehängt im Babysack, die andere im Buggy, da stellte ich fest, dass ich in Pantoffeln war. Und ich fing fast an zu weinen, als ich mein Spiegelbild im Schaufenster des Drogeriemarktes sah: bleich, schwabbelig, ungeschminkt, mit strähnigem Haar. Ich hörte erst auf zu schluchzen, als ich feststellte, dass mich das Schicksal von gemusterten Leggings verschont hatte. Es gibt vielleicht noch Hoffnung. Der Grad meines fortschreitenden Derangements lässt sich am besten so veranschaulichen: An einem guten Tag überfällt mich der Drang, mich zu betrinken, erst gegen fünf Uhr am Nachmittag. An einem sehr guten Tag gebe ich ihm nicht vor halb sechs nach. So, jetzt ist es heraußen: Supermami wohnt hier nicht mehr.

# Nur 48 Stunden

Ich bin jetzt in Zürich, Haemmerli, sage ich, wir müssen sofort trinken!, und Haemmerli erscheint auch sogleich in der «Sport-Bar», wir trinken Gespritzte, und weil Haemmerli fragt, sage ich, süß, süß, süß sind die Mimis, schön ist es mit ihnen, anstrengend aber ebenfalls. Und man ist als moderne, emanzipierte Mutter ja die dümmste Mutter in der gesamten Muttergeschichte, erkläre ich Haemmerli, weil zum Beispiel bei uns daheim – da herrscht eine schön traditionelle Rollenverteilung, und zwar im Verbund mit einer sehr modernen Finanzgebahrung, das heißt, erkläre ich Haemmerli, dass ich 90 Prozent der Kinderbetreuung übernehme und 50 Prozent der Kosten, ich bin doch bescheuert, Haemmerli, oder?

Noch zwei Gschprützti!, sage ich, und nicht, dass sich der Lange nicht bemüht, der Lange bemüht sich total, er wickelt, füttert, steht, wenn's sein muss, noch im Dunkeln mit den Mimis auf, macht ihnen den Clown, tröstet, kuschelt und badet und geht jeden Tag zur Arbeit. Ja, er darf jeden Tag in die Arbeit, egal was ist, redet dort den ganzen Tag mit Erwachsenen, und manchmal geht er danach zur Belohnung noch auf zwei, drei Bier, und wenn er dann heimkommt, erklär ich Haemmerli, kann es vorkommen, dass ich am Familientisch sitz und bittere Tränen in ein schmackhaftes Wokgericht weine, und, weißt du, Haemmerli, ich weiß, dass ich ihm dabei total unrecht tue, aber ich bin manchmal einfach richtig neidisch auf seine befriedigende Arbeit und seine Gespräche mit Erwachsenen und seine Belohnungsbiere, und es ärgert mich, erkläre ich Haemmerli, dass er überhaupt nicht weiß, wie anstrengend so ein ganzer Tag mit den Mimis sein kann, ich brauche übrigens dringend eine Freitag-Tasche, Haemmerli, wo krieg ich an einem Freitagnachmittag schnell eine Freitag-Tasche?

Haemmerli nützt die Gelegenheit, auch einmal zu Wort zu kommen, und sagt, er hat seit einer Woche einen Führerschein und ein Auto und fährt mich hin. Ich sage, Haemmerlihoney! Du hast den Führerschein geschafft?? Du hast ein Auto?? Warum sagst du denn nichts!? Zahlen bitte!!, und dann quetsche ich mich in Haemmerlis klapprigen, kleinen Japaner, und Haemmerli fährt mich, während ich spitze Schreie ausstoße, zum Escher-Wyss-Platz, wo ich mir eine riesige, rabenschwarze Freitag-Tasche kaufe, in der viele Flascherl und Windeln und ein Laptop gleichzeitig Platz haben, eine richtige Dumme-Mutter-Tasche, sozusagen.

Dann fahren wir ins Löwenbräu-Areal und rennen in zwanzig Minuten durch alle Ausstellungen, während ich Haemmerli erkläre, wie sehr ich mich freu, dass ich jetzt mal 48 Stunden lang nur unter Erwachsenen bin und der Lange 48 Stunden lang nur unter den Mimis, da kann er nämlich mal sehen, wie anstrengend das ist, und Haemmerli sagt, soso, da ist er also schon, der typische Revanchismus der unverstandenen Mutter, und da hat er natürlich recht, aber selbstverständlich waren, und hier greife ich 48 Stunden vor, die Mimis dann 48 Stunden lang die süßesten, pflegeleichtesten Babys der Welt, die kleinen Schlampen, die.

# Das Beste aus meinem Leben

Erstens bei Zara einen schwarzen Rock gekauft, der schmale Hüften macht, weil ich heute Abend bei Sedlacek eingeladen bin, gemeinsam mit ein paar anderen Leuten, denen ich nicht in meiner üblichen Eh-schon-alles-komplett-wurscht-Mutterkluft gegenübertreten will, sondern in Stöckelschuhen und so schmal es irgendwie geht.

Zweitens bei H & M eine rosa Antiglobalisierungswollhaube gepostet, weil ich meine olivgrüne Antiglobalisierungswollhaube im «Costa Brava» in Zürich liegen gelassen habe, nach tüchtig Rotwein mit Rosi.

Drittens letzten Montag bei John-Harris-Fitness damit begonnen, meine zierliche Seele von dem traurigen Zuviel an Körper rundherum zu befreien, wobei ich mir heute früh leider meinen Rücken ruiniert habe, zum Glück war bei Zara gerade die Behindertenkabine frei.

Viertens allerdings für nächsten Donnerstag endlich mal wieder beim «Meinl am Graben» einen Tisch reserviert, exklusiv für den Langen und mich; der Lange und ich müssen sich allerdringlichst mal wieder zu zweit etwas Gutes tun, Kalorien hin oder her.

Fünftens ein Zeitungsabonnement bestellt von einer anständigen Tageszeitung mit unglaublich laschem, weil vermutlich sozial vorbildlichem Zustellservice (warum hat Anständigkeit immer irgendwo einen Haken?), und die lese ich nun jeden Tag brav von vorne nach hinten durch, wann immer es die Mimis zulassen, zusätzlich zu den deutschen Feuilletons, die mir der Lange abends mitbringt, mit der kaum verhohlenen Absicht, meine Gehirnaktivitäten daran zu hindern, vollends zu verenden.

Sechstens am Sonntag bei Gsellmann & Gsellmann im Burgenland 69 Flaschen Wein ab Hof erworben, da unser Weinkonsum im Allgemeinen, meiner im Besondern, beträchtlich ist, ich gebe es ja zu, aber all jene Energie, die die Mimis nicht aus mir rauszuzeln, geht dafür drauf, nicht zu rauchen, weiterhin nicht zu rauchen, jetzt demnächst ein volles Jahr nicht geraucht zu haben, da bleibt fürs Nichttrinken leider kein Futzelchen Energie mehr übrig. Dass ich so heldenhaft nicht rauche, heißt nicht, dass ich nicht rauchen möchte: Und wie ich rauchen möchte, jeden Abend um halb acht, wenn die Mimis endlich schlafen, möchte ich draußen auf der Terrasse meine hochverdiente Zigarette rauchen, zur Belohnung dafür, dass ich die Mimis auch heute wieder nicht gehauen habe. Nein, natürlich haue ich die Mimis nicht, hab ich nie, werd ich nie, aber auch das heißt nicht, dass ich nicht manchmal gerne würde. (Ach, heucheln Sie doch hier nicht rum, das geht Ihnen doch auch nicht anders, und wenn doch, dann haben Sie keine Kinder.) Kein Hauen, kein Rauchen, Sie sehen ein, der 2001er-St.-Laurent vom Heideboden hat all meine Zuwendung verdient. Und ich all seine.

Siebtens geht's ab jetzt alle paar Wochen für ein Wochenende nach Zürich, ganz allein, ohne Mimis, und dort werde ich wieder, wie letztes Mal, mit Rosi und Haemmerli und den anderen Freunden durch die Straßen und Trinkstätten stöckeln und mich der Tatsache erfreuen, dass mir ein paar Stunden lang kein Mensch anmerkt, dass ich Mutter bin. Das tut wohl; Sie haben gar keine Ahnung, wie.

# Always on my mind

Das Essen bei Sedlacek war hervorragend, die Gesellschaft lustig und die stimmungsbildenden Substanzen in jeder Kategorie hervorragend, wobei ich mich an den Rotwein hielt, Sedlacek gab sich flexibler. Was wohl mitverantwortlich dafür war, dass Sedlacek und ich uns gegen halb drei Uhr früh, als nur noch vier oder fünf Leute da waren, böse zerstritten. Weil Sedlacek plötzlich von einem akuten Aufrichtigkeitsrausch gepackt wurde und mir nun endlich mal ganz geradeaus hineinsagen musste, dass, sei mir nicht böse, seit der Geburt der Mimis nicht mehr viel mit mir anzufangen sei. Du bist leider ein langweiliger, gefühlsduseliger, berechenbarer und unflexibler Mensch geworden, Knechtin, sagte Sedlacek, schade, aber wahr. Ich hab gesagt, Moment, Sedlacek (hier muss man sich eine kleine Pause denken, in der ein großes Glas Barolo zügig von seinem Schicksal ereilt wurde), und dann hab ich gebrüllt, schon möglich, Sedlacek, und ich könnte dir auch erklären, warum, aber solange du nicht selbst ein Kind hast, wirst du es nicht kapieren, und wenn du mal selbst ein Kind hast, brauche ich es dir nicht mehr zu erklären, obwohl, du kapierst es wahrscheinlich auch dann nicht, du ********, und Sedlacek hat gesagt, weißt du was, du dumme *******, deine ******arroganz geht mir so auf den Sack, und ich hab gesagt, mei bitte, wer spricht, Mr. *********und********arrogant persönlich!, und Sedlacek hat ins Telefon gebrüllt, bitte einen Wagen

Nibelungenstraße 13!, und dann war ich bald zu Hause, und den ********** ruf ich so schnell nicht mehr an.

Ich befürchte nur, dass es sich bei Sedlaceks Problem um kein singuläres handelt, ein Verdacht, der von reizenden Müttern und Vätern bestätigt wird, die mir in freundlichen Leserbriefen schreiben, sie läsen im Fall so gern von den Mimis, und von ebenso vielen genervten, weil kinderlosen Leserinnen und Lesern, die mich etwas weniger freundlich fragen, ob ich bitte nie wieder von den Mimis schreiben könnte. Sondern wieder wie früher.

Das Dilemma ist, und das kapiert auch Sedlacek nicht: Wie früher gibt es nicht mehr. Wie früher ist vorbei, selbst wenn ich, um der Allgegenwart der Mimis vorübergehend zu entkommen, meinen Laptop an Orten bediene, an denen kein Gedanke an Babys aufkommt, an denen laute Musik gespielt wird und die Menschen so aussehen, als hause in ihnen eine beträchtliche kriminelle Energie (was das Aufsuchen der Toilette zum Problem macht, da man an solchen Orten einen Laptop nicht gerne unbeaufsichtigt liegen lässt, aber wer nimmt einen Laptop mit aufs WC? Herr Knigge, dessen empfehlenswerter Klassiker «Umgang mit Menschen» mir Dr. Robert letztes Mal in Zürich in einer uralten Ausgabe geschenkt hat, weiß darauf auch keine Antwort.). Wie früher: Das lässt sich höchstens noch simulieren, auch wenn ich jetzt wieder öfter wie früher mit Mizzi und den anderen Mädels in schummrigen Bars herumtrinke und in sauteuren und angemessen unbequemen Schuhen über die heißesten Affären tratsche … Die Mimis sind immer präsent. Immer. Das ist jetzt so. Und ich kann und werde nicht so tun, als sei es das nicht. Kapierst du das, Sedlacek? Kapierst du das?

# Hangover

Was wollte ich erzählen? Ah. Ja. Dass von mir aus die Eiszeit zwischen Sedlacek und mir ruhig noch ein bisschen dauern hätte dürfen, meine Tage sind auch so hübsch ausgefüllt. Aber wieder hat Sedlacek bereits nach dem 2. oder 3. Rausch aus der Badewanne angerufen. Hallo. Hallo. Wie geht's. Gut. Dir.

Ein richtiger Kater macht Sedlacek sensibel und versöhnungsgeil wie ein katholisches Mädchen, und das nun ist ein sedlacekscher Gemütszweig, den Sedlacek vor seinen anderen Bekannten zu verbergen trachtet. Vor allem vor den weiblichen, da die Frauen in Sedlaceks Bekanntenkreis in drei wenig originelle Kategorien unterteilt werden: solche, mit denen er geschlafen hat, solche, mit denen er schläft, und solche, mit denen er schlafen möchte; keine braucht zu wissen, dass er tief in seiner Seele ein verletzlicher Bub ist. Nicht mal, dass etwas Derartiges wie eine Seele innerhalb Sedlaceks überhaupt existiert. Seine männlichen Freunde? Ach, die sind lustig und jeglichen Vertrauens völlig unwürdig, wie unter Männern vielfach üblich. Bleiben Sedlaceks Mutter und ich, aber seine Mutter, sagt Sedlacek, verstehe ihn nicht und setze ihn zudem entsetzlich unter Druck. Offenbar sucht sie seine Wohnung noch immer bei jedem Besuch nach versteckten Enkelkindern ab, findet aber stets nur das von Sedlacek nicht gut genug verräumte Sexspielzeug, und Sedlacek behauptet steif und fest, sie steche ihm Löcher in die sündteuren Kommspiel-mit-Kondome. Doch, sagt Sedlacek, MEINE Mutter macht so was.

Bei übleren Verkaterungen sucht Sedlacek jeweils erst Trost im warmen Bade, aber da ihm auch dieses den theologischen Beistand verweigert, ruft er von dort aus mich an, um mich mit Erkenntnissen zu belästigen, die er zwischen drei und sechs Uhr in der Früh an einem Würstelstand, in einer Stripteasebar oder in einer Dame der Kategorie B hatte. Weil das noch nicht genug ist, plätschert Sedlacek zur Untermalung seiner Berichte feste in seiner Wanne herum, damit ich bloß nicht vergesse, dass er dort völlig nackig sitzt, eine Vorstellung, die meine Stimmung nicht hebt.

Dennoch gelingt es Sedlacek auch diesmal, mich dazu zu kriegen, nicht aufzulegen, ohne sich dafür zu entschuldigen, dass er mich letztes Mal eine blöde ****** genannt hat. Gut, ich habe ihn einen ***** ***** genannt, aber ich tat es zu Recht. Immerhin ist er zum Eingeständnis bereit, dass er nicht so gut wie ich weiß, was es bedeutet, Kinder zu haben. Aber er wisse es nicht nicht, sagt Sedlacek, denn in seiner Familie gebe es, bitte schön, auch Kinder, beispielsweise habe seine Mutter eins. Was ich ja für die Wurzel allen Übels halte. Also, nicht, dass Sedlaceks Mutter ein Kind hat, sondern dass Sedlaceks Mutter nur ein Kind hat. Das war nicht gut für Sedlaceks Charakterbildung, und selbst Sedlacek hätte jetzt gern Geschwister, in deren Wohnungen er seine Mutter bei ihrer Suche nach Enkelkindern umleiten könnte. Und, wie Sedlacek sagt, zum Schutz seiner Kondome, obwohl ich ihm das mit dem Zerstechen nie im Leben glaube. Nie. Was wollte ich gleich erzählen?

# Im Mütterrudel

Rosi schickt mir ein E-Mail, dann schicke ich Rosi ein E-Mail, dann schickt mir Rosi ein E-Mail, dann denke ich, ich werd Rosi in einer halben Stunde ein E-Mail schicken, und als ich wieder auf die Uhr sehe, ist es zehn Tage später. Zum Glück war Rosi inzwischen auf Goa und ist bereit, mir zu verzeihen.

Dabei gehen die Mimis jetzt jeden Tag brav um sieben schlafen, wir füttern sie, legen sie ins Bett, und sie werfen sich ohne den geringsten Protest in den nächstgelegenen Traum, und dann könnten der Lange und ich viele tolle Sachen machen, oder ich könnte Rosi und Haemmerli Dutzende E-Mails schicken, aber in Wirklichkeit liegen wir meistens nur wie tot vor dem Fernseher, füttern die Mimis noch mal während der «Harald-Schmidt-Show» und gehen auch schlafen, wenn der Gast kommt.

Aber den Gast schaut doch nie jemand, keiner schaut den Gast, sagt Rudelmutter Horvath, als ich vor dem Mütterrudel mit dem guten Mimi-Schlaf prahle, quasi dem einzigen Kunststück, das die Mimis können und mit dem ich mimimäßig angeben kann. Mit dem Mütterrudel verbringen wir derzeit gern unsere Tagesfreizeit, oft sitzen wir im «Una», einem dieser modernen, unkomplizierten Café-Restaurants mit guter Küche und bestem Wein, in denen wir früher einen leichten Lunch und/oder einen kräftigen Apéro eingenommen hätten. Jetzt sitzen wir an Nachmittagen mit unseren Babys dort rum und nehmen beides. Wenn wir mit den Kinderwagen einmarschieren, müssen immer Gäste aufstehen und ihre Tische verrücken, und auch deshalb mögen wir das «Una», denn in so einem ausgesprochen kinderfreundlichen Mütterhort würden wir uns wie normale Mütter fühlen, und das sind wir ja nicht. Wir nicht. Wie erklär ich das? So: Ich gehe am Vormittag mit dem Kinderwagen auf der Straße und begegne praktisch ausschließlich Frauen mit Kinderwagen, und im Geiste rufe ich allen zu: Mit euch hab ich im Fall nichts zu tun! Das Hausfrauische ist nur eine klitzekleine Phase in meinem Leben! Nicht, dass ihr glaubt! Den anderen Rudelmüttern geht es ähnlich. Denen auf der Straße vermutlich auch.

Letztes Mal, als die Mimis und ich versuchten, kugelsichere Kondome für Sedlacek zu finden, für Weihnachten, und etwas Schönes für Rosi, kriegten wir bald Durst und landeten zügig im «Una», wo Teile des Mütterrudels schon mit dem Trinken begonnen hatten. Wir haben über Weihnachten geschimpft, über die Wahlen und über die Sadomaso-Österreicher, bei denen man sich als Partei beliebt machen kann, wenn man im November Flüchtlingsfamilien ohne alles auf die Straße setzt, und die DANKE sagen, wenn man ihnen die Steuern erhöht. Aber in diesem Land glauben die Leute ja auch, Hansi Hinterseer sei ein Sänger und Ottfried Fischer ein Schauspieler, da braucht man sich eigentlich nicht wundern, dass sie Wolfgang Schüssel für einen Kanzler halten. Schließlich haben wir aber doch wieder über die Kinder geredet und wie das so ist mit dem Schlafengehen.

Und dann das mit dem «Harald-Schmidt-Show»-Gast. Weil wissen Sie, das hab ich nicht gewusst. Ich dachte, nur der Lange und ich schalten immer ab, wenn der Gast kommt. Aber. Ich muss dringend Rosi ein E-Mail schicken.

## Bitte nicht stören!

Silvester bleiben wir wieder zu Hause, der Lange und ich, so wie wir letztes Jahr zu Hause geblieben sind und vorletztes Jahr auch, da allerdings im allerletzten Moment. Weil ich, für eine Party bereits hübsch gemacht, plötzlich von einer depressiven Stimmung heimgesucht wurde, die es mir unmöglich machte, mich von halbfremden Mitmenschen küssen zu lassen. Auf diese Weise konnten der Lange und ich dann von unserem Balkon beobachten, wie unsere albanischen Nachbarn unten auf der Straße den Kosovo-Krieg mit Feuerwerkskörpern im Miniformat nachspielten. Die Frontlinie verlief zwischen dem «Espresso Rocky» und dem Café «Labyrinth», als feindlich galt jedes herannahende Fahrzeug. Der Lange und ich ließen den Schampuskorken ganz leise knallen, um bloß keine Aufmerksamkeit auf uns zu lenken, schmusten heftig und beschlossen, es fortan immer so zu halten.

Jetzt, mit den Mimis, bleibt uns eh nichts mehr anderes übrig. Wir werden noch zwei, drei Angehörige des Mütterrudels inklusive Väter einladen, alle Babys einschläfern und dann bis Mitternacht Fondue essen. Erstaunlicherweise begehrte Sedlacek, eingeladen zu werden, um an dieser Zelebration der neuen Spießbürgerlichkeit teilhaben zu dürfen, sich an der Kleinfamilie zu wärmen und am Fonduesuppentopf zu laben. Unsere Kinderdiskussion hat bei Sedlacek einen Nachdenkprozess ausgelöst. Wobei man einen Nachdenkprozess according to Sedlacek nicht mit einem Nachdenkprozess im landläufigen Sinne verwechseln soll, bei dem ein Gedanke in einem Hirn langsam Gestalt annimmt, wie ein Hefeteig in einer warmen Schüssel und wie dieser formbar bleibt. In Sedlaceks Hirn materialisieren sich Gedanken explosionsartig und sind fortan unveränderlich, wie ein Stück erkaltete Lava. (Meine Metaphern lassen heute zu wünschen übrig, ich bitte um Verzeihung, das muss an der Stirnhöhlenvereiterung liegen, die drückt auf das Präzisions- und Stringenzzentrum in meinem Hirn. Falls es so was gibt.)

Wo war ich? Sedlacek, natürlich. Und natürlich kann ich Sedlacek nicht einladen, weil mir da erstens der Lange rebelliert und weil zweitens Sedlacek, wenn er, wie jeden Silvester, ein neues Leben (2003 ein kinderliebendes, sich an den kleinen Dingen freuendes Leben, 2002 war es ein spirituelles, besonnenes, 2001 ein sportliches ohne Frauen und Exzesse) anfängt, jeweils am 1. Jänner gegen Mittag feststellt, dass ihn sein neues Leben allmählich aber enorm anödet, worauf er zügig wieder in sein altes zurückfindet. Bei einem Fondue mit fünf Babys, die nicht schlafen wollen, würde Sedlacek seine guten Vorsätze wahrscheinlich schon aufgeben, bevor er sie richtig gefasst hat, würde also noch vor Mitternacht diese kuschelige Runde sprengen, würde einen Missklang einbringen, wäre sozusagen der personifizierte Einwand gegen unser süßes Kleinbürgerdasein ... Näääää, das wollen wir nicht. Auf keinen Fall. Wir träumen grad so schön. Wir wollen nicht geweckt werden, noch nicht. Das kommt noch früh genug.

# Titten

Drei der Mütter von meinem Mütterrudel haben fürs Jahr 2003 einen einzigen Vorsatz: abstillen, und zwar sofort. Die anderen haben schon oder, so wie ich, mit der Busenfütterung gar nicht erst angefangen. Schon, erst wollte ich die Mimis auch stillen, wie es sich gehört, wie die Stillmafia unter den Ärzten und Krankenschwestern mit wachsendem Druck von mir wollte, und, ja!, ich bewundere alle Frauen, die in der Lage sind, ihre Kinder kraft ihres Busens zu ernähren. Ich habs probiert, die Mimis habens probiert, nichts kam. Das war frustrierend. Zuerst. Dann nicht mehr.

Gut, die Angewohnheit, meine diversen Unvermögen stets unter rundherum hübsch drapierten Ideologien zu verbergen, ist wenig lobenswert. Aber. Aber beim Stillen bietet es sich doch sehr an. Weil es mich erstens immer wieder wundert, dass dieses Stillparadigma, das auf einer derartig bröseligen faktischen Basis beruht, nach wie vor unangefochtener gesellschaftlicher Konsens ist. Stillen ist das Beste für Ihr Kind – das hab ich ungefähr tausendmal gehört und tausendmal gelesen, aber nie eine Zahl, einen Beweis dazu, WIE gut und WIE gesund. Weiß offenbar keiner so genau. Stillen ist das Beste für Ihr Kind: Das schreibt selbst die Säuglingsnahrungsindustrie in ihre Werbebroschüren, wo es doch das Schlechteste für die Säuglingsnahrungsindustrie ist, und das dünkt mich höchst erstaunlich, dass die aus Nobel- und Nettigkeit mal lieber aufs Geldverdienen verzichten.

Zweitens möchte ich Ihnen an dieser Stelle auch meine Küchentisch-Forschungsergebnisse nicht vorenthalten, die keinerlei Anspruch auf Allgemeingültigkeit erheben und einfach nur interessant sind: Sitzen dort vor ein paar Wochen vier Erwachsene, davon wurde nur einer gestillt, der leidet unter einer Vielzahl von Allergien, die anderen nicht. Wurden dort kürzlich fünf halbjährige Babys gehutscht, drei ungestillt, eins gestillt, hat eins von den gestillten jetzt schon Neurodermitis. Wie gesagt, ich sage nur: interessante Beobachtung.

Was mir drittens aber noch viel wichtiger erscheint: Stillen mag schon gut sein für das Kind, aber es ist nicht immer das Beste für die Mutter. O ja, wer stillt, braucht nie ein Flascherl mitnehmen und erspart sich auf Reisen viel Gepäck. Aber dafür kann ich die Mimis mal einen Abend, eine Nacht, ein Wochenende ganz problemlos dem Langen überlassen, ohne dass sie verhungern (und ich darf dabei auch was anderes als Tee trinken …). Und ich sage Ihnen: Ich kenne Mütter, die ihre Kinder schon seit Monaten zweistündlich, manche stündlich stillen, Tag und Nacht. Und so wie die möchte ich nicht drauf sein; und die Mimis wollen das hundertprozentig auch nicht. Was ich an diesem Stillparadigma viertens aber am allerfragwürdigsten finde: dass dabei wieder mal die Väter schön aus dem Schneider sind, nie länger als zwei, drei Stunden übernehmen müssen, übernehmen können, dass die Mütter ein halbes, ein ganzes Jahr lang fest an ihre Kinder gekettet sind. Sicher im Kinderzimmer verräumt. Und das kommt mir eigentlich ziemlich reaktionär vor. Sonst niemandem?

# Titten II

Bald gibt's wieder Sex und Körperflüssigkeiten und Liebhaberqualitäten en détail, davor müssen Sie nur noch schnell durch einen kleinen Bonustrack zur Stillmafiakolumne; weil darauf gabs erwartungsgemäß ein paar Leserreaktionen. Erwartungsgemäß ein paar arge, ob ich denn meine Kinder überhaupt liebe, dass sie zu bemitleiden seien, da sie keine Wärme und viel zu wenig Körperkontakt kriegen (hier drängt sich eine kleine Zwischenfrage auf: Glauben diese Leute ernsthaft, dass ich meine Kinder durch ein Loch in der Wand füttere?), und so weiter und so fort. Ich werde hier jetzt ganz bestimmt nicht meine mütterlichen Qualitäten verteidigen oder dreifingeraufsherz schwören, dass ich meine Kinder ehrlich wahr voll lieb habe (denn das brauchen nur meine Kinder zu wissen), aber ein Satz in einem Leserbrief hat mich in der Generalisierung seiner Anschuldigung quasi stellvertretend für alle nicht stillenden Mütter getroffen; der geht so: «Nicht stillende Mütter haben keine Beziehung zu ihrem Kind, sind unfähig und selbstverliebt.» Und diese Schreiberin ist, das kann ich jetzt mit großer Berechtigung versichern, mit ihrer Meinung nicht allein: Manche Menschen verteidigen das Stillparadigma mit einer nahezu gewalttätigen Entschlossenheit. Wobei es mich nicht wundert, dass die Stillfundamentalisten eine Menge Beschuldigungen in meiner Mailbox abgeladen haben, aber keine Zahlen oder Untersuchungen, die meine Ansichten über das Stillen widerlegt hätten.

Noch was ist mir zur Verlogenheit des Stillmythos eingefallen. Denn während man bei der Säuglingsernährung ja zu einer Million Prozent das Wohl des Babys im Auge zu haben vorgibt, werden bei den Säuglingsschlafgewohnheiten ganz andere Maßstäbe angelegt. Tatsächlich findet man es in westlichen Gesellschaften völlig normal, ein Neugeborenes wenige Tage nach seiner Geburt die ganze Nacht ganz allein in einem Zimmer liegen zu lassen. Das finde ich brutal, aber da brüllt keiner, das Baby kriege zu wenig Körperwärme und Zuneigung, nein, das ist in Ordnung, da wissen die Babyratgeber viele Tricks, wie man das Kind dazu kriegt, das auszuhalten, ohne den Eltern zu viele Probleme zu bereiten. Und wenn man – so wie der Lange und ich – die Kinder die ersten paar Monate zu sich ins Bett nimmt, weil man findet, dass Neugeborene in der Nacht nicht allein schlafen sollten, sondern gekuschelt und gewärmt gehören, dann gilt man als ziemlich gaga (und hört immer wieder den einen Satz: «Einmal im Elternbett, immer im Elternbett! Die kriegt ihr nie wieder raus!», was überhaupt nicht gestimmt hat, weil sich unsere Kinder mit vier Monaten, als es uns allen zu eng wurde, ohne den geringsten Protest in ein Gitterbett umquartieren ließen). Mehr muss man über die Verlogenheit des Stillmythos nicht sagen.

# Auf dem Spielplatz

Mein mütterliches Garderobendilemma wird jetzt durch die Sandkastensaison verschärft: Wir hatten gestern Spielplatzerstkontakt, der Lange, die Mimis und ich. Wobei der Lange und ich feststellen konnten, dass es auf dem Spielplatz nicht so schlimm ist, wie wir uns das vorgestellt hatten; es ist weitaus schlimmer.

Zum Beispiel tragen alle Mütter außer mir grauenhafte Schuhe, bevorzugt diese brechreizfarbenen Freizeitmodelle mit den runden Kuppen, die an allen Frauenbeinen furchtbar aussehen, sogar an ausgesprochenen Turnschuhbeinen. Ich beneide ja seit jeher Frauen, an denen Turnschuhe gut aussehen, weil Turnschuhe an mir immer grrrr aussehen. Jedes Frühjahr erstehe ich mehrere Paare davon, jedes in der Überzeugung, endlich den idealen Turnschuh gefunden zu haben. Ich trage ihn ein Mal, finde ihn grässlich, er zieht ganz hinten in meinem Schuhschrank zu den anderen idealen Turnschuhen und erblickt das Licht der Welt erst wieder, wenn er irgendwo von irgendwem aus dem Caritas-Sack befreit wird.

Wo war ich? Ach ja, mit Stöckelschläpperli im Sandkasten. Das Kugelkind robbte nämlich verzückt durch den Sand, während das Würfelkind beleidigt auf des Langen Knien saß und es sich verbat, mit Materialien in Berührung gebracht zu werden, die nicht von Menschenhand geschaffen wurden. Gras? Igitt. Sand? Don't even think about it. Ich befürchte, das Würfelmimi entwickelt eine Anlage zum Snobismus; das hat es nicht von mir. Das Kugelmimi dagegen scheint, das hat es auch nicht von mir, ein Naturkind zu sein, es verzehrte begeistert ein Viertelkilo Dreck und strahlte vertrauensvoll Dreijährige mit fiesen Fressen an, die mit ihren Sandschäufelchen nichts Gutes im Schilde führten. Was das Kugelmimi in seiner Babyblödheit nicht kapierte, weshalb ich mit meinen Schläpperli in bedenklicher Rückenlage hinter ihm durch den Sand stapfen musste, um es vor Schlimmerem zu bewahren.

Was bitte tragen einigermaßen modebewusste Mütter in der Zwischensaison auf einem Spielplatz? Die Schläpperli hatten zwar Stil, waren aber suboptimal. Für Flipflops ist es noch nicht heiß genug, für meine Keilsohlenwildlederstiefelchen ist es schon zu heiß, und das waren nun die idealen Mutterschuhe, da sie mit ihrem ruralen Wildlederlook und ihren gesunden Kreppsohlen bequeme Solidität (und damit ein mütterliches Verantwortungsbewusstsein) verstrahlten, das durch Absatzhöhe (sieben Zentimeter) und Kuppenbreite (kein Zentimeter) aufs ästhetisch erfreulichste gebrochen wurde. Leider bietet die Frühlingssaison noch nichts Vergleichbares, das macht mir große Sorgen. Auch sonst bieten Spielplätze viel Anlass für Kummer, was den Langen und mich mit einer gewissen Besorgnis in die Zukunft blicken lässt. Es wird am Spielplatz zum Beispiel kein Alkohol ausgeschenkt, beziehungsweise: Es werden, obwohl dort Horden von Menschen sich über Stunden in der Sonne aufhalten müssen, überhaupt keine Erfrischungen angeboten. Und jetzt fragen sich der Lange und ich, wo wir denn eigentlich leben. Weil wo bleibt der böse Kapitalismus, wenn man ihn mal braucht? Hallo?

# Frauen-Schicksal

Wir waren zehn Tage bei meinen Eltern, weit draußen auf dem Lande, und danach war ich prächtig erholt, und der Lange war hundert Prozent urlaubsreif. Daran sieht man mal wieder, dass die Dinge zwischen Männern und Frauen, besonders zwischen Müttern und Vätern noch lange nicht so sind, wie ich sie wähnte und schönschrieb, als ich noch jung und neofeministisch war und eine optimistische Ich-kann-alles-Weltsicht pflegte. Damals wäre es mir bestimmt nicht in den Sinn gekommen, dass ich über meine Ferien mal erzählen würde, dass sie für mich deshalb so erholsam waren, weil ich zehn Tage lang nie allein mit den Mimis war, während der Lange mit den Nerven ans Limit gelangte, weil er zehn Tage lang praktisch ununterbrochen mit den Mimis war. Und das ist nun eine so unendlich unspektakuläre Familienlebenserfahrung, dass mir ein bisschen schlecht wird. Für die meisten andern Familien mag das ja so in Ordnung sein – nur haben in denen die Mütter nicht 175 feministische Kommentare geschrieben, voller visionären Optimismus und The-Times-They-Are-a-Changing. Ich aber schon.

Andererseits: Dort draußen, auf dem Land, hab ich eine enge Freundin, die hat zwei Kinder mit einem Mann, der sich von Beginn an weigerte, den Kinderwagen zu schieben oder jemals eines der Babys zu wickeln, und seit vier Jahren schläft sie im Kinderzimmer, damit sein Schlaf nicht gestört wird, und der wird nicht zwangspsychiatriert, und die Leute im Ort zeigen auch nicht mit Fingern auf ihn. Das liegt dort alles noch im grünen Bereich. Insofern herrscht da, wo ich wohne, eh bereits der pure matriarchalische Futurismus. Und als ich mich in Gegenwart meiner Freundin und ihrer Freundinnen darüber beklage, dass die Dinge in unserem Haushalt keineswegs so fifty-fifty sind, wie sie im Jahre 2003 zu sein hätten, da schauen die mich an, als hätte ich ihnen gerade vorgeschlagen, dass wir uns jetzt alle LSD einwerfen und zu «Highway to Hell» nackig durchs Dorf tanzen. Wie ich dann dabei bin, mich stammelnd für meine sagenhafte Undankbarkeit zu entschuldigen, schaltet sich meine andere Gehirnhälfte glücklicherweise doch wieder dazu, und mir wird klar, dass ich durch ein mentales Zeitloch kurz in die Fünfzigerjahre gefallen bin oder so ähnlich. Aber machen Sie mal einen Ausflug in die fünfziger Jahre und versuchen, den Fünfziger-Jahre-Menschen klarzumachen, dass die fünfziger Jahre vorbei sind. Genau.

Insofern hat der Lange ja eh einen ganz kräftigen evolutionären Hopser gemacht, der wurde in seiner Provinz ja auch nicht unbedingt zum potenziellen Alleinerzieher erzogen, ich respektiere das schon. Aber jetzt ist es halb neun Uhr früh, und gleich geht er zur Arbeit, und ich geh dann später mit den Mimis auf den Spielplatz oder in einen Gastgarten oder in den Wald, wie gestern, wie morgen, wie übermorgen, und treffe dort die anderen Rudelmütter, deren Männer auch bei der Arbeit sind. Und auch wenn wir eine wirklich gute Zeit miteinander haben – es ist alles wie immer, es ist alles wie überall. Und das kam in meinen optimistischen Visionen irgendwie nicht vor.

# AUAAAAA!

Schicke Schuhe, sagt Gruber, neu? Ich sage, danke, ja, der Lange und ich wollten eine Sandkiste für die Mimis kaufen, und jetzt hat der Lange ein Paar neue Adidas, und ich hab die da und noch welche, und die Mimis haben immer noch keine Sandkiste, was schlecht ist, da diese Schuhe und die anderen wieder nicht Spielplatz-kompatibel sind, worüber ich jetzt allerdings kein weiteres Wort verliere, weil mir das mit den Schuhen in der Spielplatz-Kolumne von vorvorvoriger Woche irgendwie peinlich ist, und Gruber sagt, das versteht er gut. Herzlichen Dank, Gruber, sag ich, aber was soll ich machen, ich hab überhaupt kein Hirn mehr, die Mimis haben mir alles rausgelöffelt, ich schaffe es gerade noch, darüber nachzudenken, ob ich den Mimis heute die roten oder die rosaroten Kleidchen anzie…, und Gruber sagt AUAAAAA!!!!, und dann unterbrechen wir die Konversation, und ich erstversorge den bösen Kratzer über Grubers rechtem Auge, den das Kugelmimi ihm mit dem Sandschäufelchen beigebracht hat. Gruber hat das gesamte amerikanische Bombardement im Hotel «Palestine» in Bagdad ohne eine Beule überstanden, aber nach zehn Minuten mit dem Kugelmimi braucht er einen Arzt: Nach dem vierten Spielplatzbesuch hat das Kugelmimi den martialischen Zusatznutzen des Sandschäufelchens doch noch begriffen.

Ich hab mich noch nicht entschieden, ob ich diese frühe mimische Weltläufigkeit im Aggressiven für begrüßenswert halte. Kürzlich konnte ich beobachten, wie die Mimis gemeinsam gegen ein befreundetes Kind vorgingen, das es gewagt hatte, ihren Bagger zu berühren. Puhh. Während das eine Mimi dem anderen gefahrlos selbst den Schnuller aus dem Maul reißen darf: Sie sind großzügig gegeneinander und von mitleidloser Härte gegenüber Dritten, und ich frage mich: Ist das normal? Oder ist das Private schon im Krabbelalter politisch? Keimt hier ein Nationalismus im Kleinen? Muss ich etwas dagegen unternehmen? Oder ist diese Aggressivität angeboren? Und falls nicht: Woher haben sie das bloß?

Von mir und dem Langen nicht, der Lange und ich sind total tolerant und aggressionsfrei unserer gesamten Umwelt gegenüber, außer vielleicht gegenüber Hundebesitzern. Na ja, und gegenüber Leuten, die einen Schweinsbraten mit Fenchel zubereiten (der Lange), die Norah Jones gut finden (auch der Lange) und BMW-Fahrern (noch mal der Lange). Und, gut, ich hasse Schnäppchenjäger und Leute, die im Tram essen, und geizige Männer finde ich abstoßend, und mit Frauen, die kleine Kinder haben und trotzdem noch über etwas anderes reden können, kann ich derzeit überhaupt nicht, weil solche Gesellschaft meine eigene Verblödetheit überdeutlich herausstreicht – leider bin ich noch nicht verblödet genug, dass mir das nicht mehr auffällt.

Ach, das kommt schon noch, sagt Gruber, mach dir keine Sorgen, dafür sind die Mimis sehr geschmackvoll angezogen und überhaupt ganz süße Mädels, man sollte ihnen nur außerhalb des Spielplatzes die Sandschäufelchen wegnehmen, und ich sage, Gruber, wenn du nicht sofort dieses Grinsen aus dem Gesicht tust, werd ich SO aggressiv.

# Ich bin alt

Zum ersten Mal seit zwei Jahren bin ich wieder an einem Rockkonzert, und schon nach zwei Minuten hab ich eine Erkenntnis: Ich bin alt. Nicht relativ alt, sondern richtig alt in dem Sinn, dass 95 Prozent der anderen Leute hier mindestens 20 Jahre jünger, also in einem Alter sind, in dem sie meine Kinder sein könnten. Wann hat dieser deprimierende Lebensabschnitt angefangen? Es kann noch nicht so lange her sein, aber ich habs nicht richtig bemerkt, weil ich für gewöhnlich Situationen vermeide, in denen mich die Konfrontation mit der Tatsache, dass die nächste Generation schon alle Kenntnisse und Fähigkeiten erworben hat, durch die ich mir meine Daseinsberechtigung zusammenphilosophiert habe, in präsenile Angstzustände versetzt.

In Kroatien zum Beispiel, in unserem gemieteten Haus am Strand, hach, was waren wir da für eine coole Truppe. Jungfamilien im besten Alter, so eine hippieho Ferienkommune, Sie wissen schon; alle Eltern um die vierzig, alle Kinder zwischen eins und drei, die Autos vor dem Haus protzfrei, aber nicht klapprig. Die Babys sind unkompliziert, fröhlich und zum Anbeißen, die Frauen machen im «The Beach»-Look (ein Streifen, der die Filmgeschichte kaum, die Bademode dagegen radikal beeinflusste) Ferien von Angeberberufen, die Männer tragen Flipflops, Cargohosen und Altherrenstrohhüte. Alle Großen sind sonnig braun, alle Kleinen sunblockerrosa, alles total mellow, alle voll easy, und am Abend, wenn die Kinder friedlich schlafen, zaubert irgendwer ein einfaches, aber schmackhaftes mediterranes Rosmarin-Gericht auf den Tisch, man sitzt unter Olivenbäumen, schaut aufs Meer, trinkt schönen Rotwein und führt tiefsinnigste Gespräche.

Natürlich stimmt es so nicht hundertprozentig, nicht im Detail jedenfalls, weil zum Beispiel immer mindestens ein Kind beim Schlafengehen furchtbare Mucken macht, weshalb das Rosmarin-Huhn in der Kasserolle vertrocknet, und die Männer haben immer Sonnenbrand, weil sie Sonnencreme für Weiberpipapo halten, und immer ist eine der Mütter ein bisschen zickig und überprotektiv, und immer schmeißt einer der Väter nach einer Woche unter Kindern die Nerven weg und so weiter, aber Sie verstehen schon, worauf ich ungefähr hinauswill, oder? Auf ein Bild für die Möglichkeit coolen, entspannten, würdevollen Alterns. Wenigstens in den Ferien.

Beim Queens-of-the-Stone-Age-Konzert passt dann nichts mehr in dieses Bild. Ich bin unter zweitausend Menschen ungefähr die Einzige, die an den Füßen etwas trägt, das die Bezeichnung Schuhe verdient, also peinlichst overdressed. Fast alle könnten meine Kinder sein. Und statt wie früher, als ich noch Rock'n'Roll war, vorne bei den Boxen zu stehen, wo die Bässe im Bauch wummern und die Bierbecher fliegen, stehe ich ganz hinten, beim Mischpult; in Sicherheit. Ich bin alt. Aber dann tauchen Blumenau und Manfred und Walli und noch ein paar alte Spezis auf, und die Queens legen los und sind großartig, ich hupf im Stand und brülle heeee und hurra und schütte mich vor Begeisterung mit Bier an. Es ist total würdelos und total uncool, und es ist, das ist die zweite Erkenntnis dieses Abends, total egal.

# Guten Tag, guten Tag

John trägt eine eindeutig neue weiße Hose, darüber einen breiten militärgrünen Gürtel. Das sieht hübsch aus, Johniiiie!, brülle ich gegen die Musik an, ich muss dir allerdings sagen, es wirkt ein wenig schwul! John lächelt müde. Wie jede erwachsene Frau, die etwas auf sich hält, habe ich einen schwulen Freund, meiner hat heute Geburtstag, eine Zahl über 40, über die John nicht sprechen will.

Selbstverständlich sind mehr als 80 Prozent der Eingeladenen Männer und davon mehr als 60 Prozent unter 25. Während bei den Heteros momentan Beziehungen zwischen älteren Frauen und jungen Männern total en vogue sind, lässt es sich bei Schwulen nicht sagen, ob dort der Trend eher dahin geht, dass die Jugend sich mit den Erfahrungen des Alters etwas Weisheit umhängt, oder die Alten sich bei der Jugend tüchtig unbeschwerte Lebensfreude abholen. Aber wenn John sich, wie jeder erwachsene Schwule, der was auf sich hält, mit viel frischer fröhlicher Jugend umgibt, sieht er sich selbstverständlich eher als männliche Demi Moore denn als schwuler Flavio Briatore.

John hat mir bei unserem letzten Mädelsabend mit einem stolzen Grinsen erzählt, dass kürzlich einer seiner jugendlichen Liebhaber angesichts von Johns Waschbrettbauch – der für sein Alter wirklich boah ist – überraschend mit Erektionsstörungen zu kämpfen hatte. Das beeindruckt mich ehrlich, allerdings wage ich zu behaupten, dass auch bei mir ein Liebhaber (was ich nicht habe) unter

25 (was ich nicht habe) beim Sex (was ich kaum habe) ein Problem bekommen würde, allerdings weniger wegen der Dellen im Bauch, sondern wegen jener an den Schenkeln (was ich … ach, das interessiert doch sowieso niemanden).

Auch dieses Exempel zeigt mal wieder den tiefen Graben, der Leute ohne Kinder von Leuten mit Kindern trennt. Was Leuten ohne Kinder ziemlich wurscht ist, weil die Kinderlosen auf die Bekinderten meistens eh nicht so scharf sind. Während die Bekinderten, wie ich jetzt sicher weiß, mit den Normalen unbedingt zu tun haben wollen, so nach dem Motto der putzigen Berliner Band «Wir sind Helden»: Guten Tag, guten Tag, ich will mein Leben zurück; die Kinder sind halt jetzt auch dabei, o. k.?

Deshalb bringe ich die Mimis, die gerne zwischen fremden Haxen rumkrabbeln, mit zu Johns Party, die am Samstag schon nachmittags in einer Bar beginnt. Was ich für einen echt feinen Zug von John gegenüber seinen fortgepflanzten Freundinnen halte, was leider ein Missverständnis ist. Um fünf nach fünf lobe ich Johns Hose, um sieben nach fünf fische ich dem Kugelmimi eine Scherbe aus dem Mund, um acht nach fünf fällt ein Barhocker auf das Würfelmimi, bis elf nach fünf tröste ich es, um zwölf nach fünf brülle ich in Johns Ohr, ob die Musik in dieser Lautstärke bleiben wird, und John schreit zurück, nein, nein, es werde glücklicherweise bald noch viel, viel lauter!, um Viertel nach fünf verabschieden wir uns, was John, der die Mimis sssssoo! ssssüsss! findet, sehr bedauert. Ich würde ihm gern was über den Graben erzählen, aber es ist zu laut.

# Große Mädchen allein zu Haus

Irgendwas wollte ich noch erzählen ... ach ja, wegen dieser Kindersache, also diesem Graben, der da zwischen Leuten mit und Leuten ohne Kindern verläuft und wo man quasi auf der kinderlosen Seite fast immer auf der besseren ist. Manchmal aber nicht.

Der Lange ist im Ausgang und vergnügt sich mit anderen alten Säcken auf einem Alte-Säcke-Konzert, bei Turbonegro oder Suicide oder was weiß ich. Also lad ich mir meine kinderfreien Freundinnen Lotte und Manu ein, wir machen ein bisschen Schabernack mit den Mimis, essen beziehungsweise werfen Spaghetti, und dann gehen die kleinen Mädchen schlafen, damit die großen Mädchen ungestört Wein trinken und Große-Mädchen-Sachen besprechen können. Komplizierte Große-Mädchen-Sachen, wie sich zeigt.

Denn Lotte und Manu sind ordentlich große Mädchen, jenseits der 33 nämlich, wenn auch, da kinderlos, sehr gut erhalten, weil sie zum Beispiel ungefähr jenes Ausmaß an Zeit, das ich damit verbringe, die Popos meiner Babys zu wischen, dafür aufwenden, die ihrigen zu trainieren, und so schauen die auch aus; gut, sehr gut schauen die aus. Aber 20 sind Lotte und Manu auch nicht mehr, und das ist circa 23 Stunden und 59 Minuten am Tag ein absolut erfreulicher Umstand, außer in jenem Augenblick, in dem Lottes und Manus Lebensabschnittspartner, die jahrüber brav braven Berufen nachgehen, beschließen, dass man jetzt unbedingt mal Ferien auf Ibiza machen muss, um dort tüchtig Drogen zu konsumieren und die Nächte wegzutanzen. Das halten Lotte und Manu für eine absolut unterirdische Proletenidee.

Aber eben. 33 plus. Und die Mädels auf Ibiza: 25 minus, minus Textilien. Und die mit den Partnern absolvierten Lebensabschnitte 6 beziehungsweise 8 plus, also schon so lange, dass eine gewisse Post-Ibiza-Urlaubsstabilität zwar einigermaßen garantiert ist, aber eben auch schon lange genug, um gewisse Standort-, Drogen- und vernachlässigungsbedingte Außerehelichkeiten nicht hundertprozentig ausschließen zu können. Oder wie Lotte in ihrer offenen und von Illusionen unbeleckten Art sagt: Wenn wir da nicht mitfahren und aufpassen, dann pudern die da rum, da verwette ich meine Manolos drauf. Und auch Manu ist sich sehr sicher, dass den Herren Schatzis, denen bald, beziehungsweise sehr bald, die große 4 ins Zählwerk rattert, eine gewisse Treulosigkeit schon zustoßen könnte.

Aber schon die Idee, zwei Wochen lang hinter demütigenden Schirmchencocktails an Disco-Tresen zu picken und auf die alten Säcke aufzupassen, die im Ecstasy-Rausch hinter Partygirls hertänzeln, finden Lotte und Manu entwürdigend. Aber wenn sie es nicht tun … Man ist zwar ein großes Mädchen, aber nicht unbedingt ein gelassenes. Und während also die alten Säcke allein auf Ibiza Drogen nähmen, um zu vergessen, dass sie alte Säcke sind, müssten Lotte und Manu allein zu Hause Drogen nehmen, um zu vergessen, was die alten Säcke grad vergessen und so weiter. Das ist alles keine schöne Geschichte, in der insgesamt auch viel zu viele Suchtmittel vorkommen, und das Problem hat einen einzigen positiven Aspekt, dass ich es gerade nicht habe, danke, Mimis.

## Die neue Weltordnung

In einer anderen angenehmen Gegend fanden der Lange und ich schließlich was Leistbares und Schönes zum Wohnen, groß genug und mit einem hübschen Balkon und ausreichend Luft davor, dass man an lauen Sommerabenden dort hineinschauen und dazu ein bisschen Wein trinken kann. Also zogen wir um.

Es war grauenhaft. Früher, wenn der Lange und ich umgezogen sind, haben wir uns jeweils erst einmal ein paar Wochen, ein paar Monate oder ein paar Jahre zwischen die Umzugskisten gesetzt und uns überlegt, ob man an dieser oder an der anderen Wand ein Regal anbringen sollte. Jetzt haben wir Kinder, das heißt, dass man unmittelbar nach dem Zügeln alle Dinge, die man besitzt, sofort an der Wand festschrauben muss, weil sonst die Dinge oder die Kinder kaputtgehen. Wir haben also tagelang wie besessen geschraubt und sind jetzt so weit eingerichtet, dass es nach acht Tagen in der frisch renovierten neuen Wohnung so aussieht, als würden wir die Räume seit Jahren behausen.

Das wiederum hat ein wenig damit zu tun, dass der Lange und ich ordnungstechnisch keine Pedanten sind. Sondern überhaupt nicht, und zwar der Lange im ungefähr gleichen Maße wie ich. Deshalb fällt es jahrüber auch gar nicht auf, außer wir besuchen für ein paar Tage meine Eltern. Meine Eltern sind reizende, fröhliche und überaus gastfreundliche Menschen, und sie sind sehr reinlich;

meinen Vater kann man ohne Einschränkung als fanatischen Ordentlichkeitstaliban bezeichnen. Einmal, als ich noch keine Kinder hatte, war ich übers Wochenende bei meinen Eltern und saß, während meine Eltern in anderen Zimmern ihren abendlichen Tätigkeiten nachgingen, vor dem Fernseher: Ich lümmelte auf einem Fauteuil, hatte mir einen zweiten Fauteuil unter die Beine geschoben, ein alkoholisches Getränk, eine Zeitschrift und einen halbvollen Aschenbecher neben mir auf dem Couchtisch. Dann war Werbung, und ich suchte das WC auf. Als ich zurückkam, war der Fernseher ausgeschaltet, alle Sessel standen im vorgeschriebenen Abstand zum Couchtisch, das Magazin war rechtwinklig, der sauber ausgepützelte Aschenbecher mittig darauf platziert, das Getränk war verschwunden und mit ihm jegliches Anzeichen dafür, dass ich mich je in diesem Zimmer aufgehalten hatte. Für ein paar Sekunden war ich mir unsicher, ob ich existiere; dann tauchte zu meiner Erleichterung mein Vater auf und entschuldigte sich, er hatte geglaubt, ich sei schon zu Bett gegangen.

So ist das zu Hause bei meinen Eltern. Und bei uns zu Hause ist es etwas anders. Wer je gesehen hat, wie die Mimis essen und mit welchem Gleichmut ihre Eltern auf die schlagartige Renovierungsbedürftigkeit der unmittelbaren Mimi-Essumgebung reagieren, der weiß, dass bei gegenseitigen Besuchen zwei Daseinskonzepte mit sehr geringem Harmoniepotenzial aufeinandertreffen. Aber weil wir eine tolerante Familie sind, halten wir es jeweils etwa vierzehn Tage lang sehr gut miteinander aus. Danach machen meine Eltern keinen Hehl mehr daraus, dass sie sich darauf freuen, wenn ihre alte Ordnung wiederhergestellt wird. Das ist völlig okay mit uns, weil wir uns gleichermaßen nach unseren Räumen sehnen, in denen halbleere Kaffeetassen bis zu 1 ½ Tagen auf Tischen herumstehen. Manchmal sogar 2.

# Das Kind ist doch schon so gestraft genug

Dem brünetten Mimi hab ich jetzt Stirnfransen schneiden lassen, und Sedlacek sagt, was hast du getan, das Kind sah aus wie ein Engerl und sieht jetzt aus wie Prinz Eisenherz, und ich hab gesagt, dafür sieht das Kind jetzt aus den Augen und muss sich nicht mehr im Sekundentakt die Haare aus dem Gesicht wischen, und Sedlacek zitiert, wie ich das gerne im Zusammenhang mit Schuhen tue, den Architekturtheoretiker Friedrich Kiesler. Function follows form, sagt Sedlacek, und ich sage, Sedlacek, erstens hinkt das fransenbezüglich ein bisserl, zweitens ist das Kind zwei Jahre alt und nimmt an keinem Schönheitswettbewerb teil, wir sind ja hier nicht in Amerika. Glücklicherweise sind wir nicht in Amerika, sondern im, wie Schwarzenegger am Republikaner-Convent erklärte, postsozialistischen Österreich, beziehungsweise am Wochenende bin ich schon wieder in Zürich. Was machst du da schon wieder, sagt Sedlacek, und ich sage, dass ich an einer Veranstaltung für die Mutterschaftsversicherung teilnehme, also ich trommle ein bisschen dafür, dass die Leute abstimmen gehen und diese Vorlagen endlichendlichendlich durchkommen, weil in der Schweiz, erklär ich Sedlacek, bislang von den Frauen praktisch noch immer erwartet wird, dass sie nur Kinder kriegen, wenn sie einen Mann haben, der sie finanziell versorgt, während sie daheim das Kind versorgen, aber Sedlacek interessiert sich wie stets nicht fürs Politische, sondern wird immer noch nicht mit der Mimi-Frisur fertig.

Der Coiffeurbesuch war übrigens interessant, weil die Coiffeuse, an deren winzigem Salon wir täglich auf dem Weg zum Kindergarten vorbeikommen, eigens betont hat, ja, sie schneidet auch Kinder, aber es wurde dann schnell klar, dass sie nicht oft Kinder schneidet. Dabei hab ich die Zwillinge extra mit Smarties sediert, aber die Friseurin wurde schon total nervös, weil das blonde Mimi, das nach wie vor keinen Friseur braucht, ein wenig im Salon herumwuselte und Sachen anfasste. Und das brünette Mimi war vergleichsweise superbrav, schrie nicht, schlug nicht um sich, sondern saß friedlich auf dem Stuhl, starrte in den Spiegel und rieb nur ein bisschen seine Schoggifinger in den Frisierumhang, was ich vertretbar fand, aber die Coiffeuse wurde total hektisch und sagte, sie habe nur diesen einen Umhang und noch acht Kunden am Nachmittag. Schließlich wurde das Mimi-Haar ohne Umhang und nicht ausnehmend virtuos geschnitten, weil die Friseurin abwechselnd an dem einen Mimi herumschnippelte und das andere von Sachen verscheuchte, und am Ende musste ich das Fransen-Mimi an den Fußknöcheln packen und ausschütteln, was es eher weniger goutierte. Immerhin hat die Coiffeurin nichts für den Haarschnitt verlangt, das fand ich fair und ließ ihr ein paar Euro Schmerzensgeld da für die erlittene Pein. Und nächstes Mal schneid ich die Mimi-Haare wieder selber, sag ich, untersteh dich, sagt Sedlacek, das Kind ist schon so gestraft genug, die Mutter immer irgendwo am Politisieren und dann auch noch Stirnfransen, und ich sag, ha, ha, ha.

# Und jetzt fällt mir ein

Ich weiß genau, was ich erzählen wollte. Besser: Ich wusste es noch um sechzehn Uhr, als ich den Nudelteig aus dem Kühlschrank nahm und mir dachte, genau, darüber werde ich in der nächsten Kolumne schreiben, und es mir wieder nicht in meinem Notizbuch notiert habe, sondern mit den Mimis, die gerade im Backebackekuchen-Alter sind, Tortellini bastelte. Gelogen: Ich bastelte Tortellini, während die Mimis aus Mehl, Ei und dem Küchentisch eine stabile Verbindung herstellten. Später kam die Nachbarin mit ihrem dreijährigen Anton hoch, und wir zelebrierten unsere kleine maternale Schicksalsgemeinschaft, wie wir das gerne an Spätnachmittagen tun. Wir kochten also die Tortellini in Salzwasser, befeuchteten sie je nach Geschmack mit geschmolzener Salbeibutter oder Tomatensoße, öffneten eine Flasche Fass 4 vom Ort und brachten sie zur Neige, während die Kinder um den neuen Mutter-hat-ein-schlechtes-Gewissen-Hubschrauber stritten und die Männer noch ihrer Arbeit nachgingen.

Mutter hatte ein schlechtes Gewissen, weil eins der Mimis recht geheult hat, als sie am dritten Kindergartentag die Kinder für zwei Stunden alleine dort ließ: Die Kinder finden den Kindergarten prima, würden es aber begrüßen, wenn ihre Eltern ihren Tag auch dort verbringen würden. Nach zwei Stunden gabs ausnahmsweise ein Schoggigipfeli plus ein Lego-Polizeiauto und einen Lego-Hubschrauber, der nun unter Geplärre in seine Bestandteile aufgelöst wird; wenn ich ihn nicht für mich haben kann, sollst du ihn auch nicht haben. Die Kinder sind grad tief in ihre Ich-Phase eingebettet, und wenn die Nachbarin und ich jetzt noch ein einziges Mal den Kampfschrei MAA-AAAAIIIIIINST! hören, machen wir die Tür zum Spielzimmer zu, und ich leg die neue Libertines-CD ein und drehe auf elf, und jetzt fällt mir ein, was ich berichten wollte, die Kinder, MAAAIINE Kinder!, hassen nämlich Rock'n' Roll.

Man muss dazu wissen, dass der Lange, seit wir ein Auto besitzen, sich von einem überzeugten Benutzer öffentlicher Verkehrsmittel in einen fanatischen Autofahrer verwandelte, erstens weil er ein fauler Hund ist, zweitens weil er das Auto sozusagen in eine Art Herrenzimmer umgerüstet hat, und ich muss jedes Mal, wenn ich beifahren möchte, erst mal Motörhead, Turbonegro, Killdozer, Kyuss, Phünnhög und andere Beidlrocker von meinem Sitz verjagen. Immerhin ist der Lange kein Selbstmörder und hat immer auch ein paar CDs für Mädchen dabei, wobei ich bekanntlich ein wildes Mädchen bin, und als der Lange letztes Mal, als wir mit den Kindern irgendwohin gefahren sind, die neue Libertines einlegt, bin ich auch gleich angetan und drehe recht laut auf. Geht es hinten gleich los: Weg die Musik! Ausschalten!, zu laut! ZU LAUT! Tut in den Ohren weh!! AUAAAA! AUS!SCHALTEN! AUS!SCHALTEN, bis der Lange und ich resigniert aufs Knopferl drücken. Unsere Kinder. Irgendwas haben wir falsch gemacht.

# Wahrscheinlich liegt's am Testosteron

Interessant auch: Wir waren mit den Horvarths übers Wochenende auf dem Land, die besitzen dort ein altes Haus mit einem großen Garten, wovon wir schamlos profitieren. Weil, Glück gehabt: Die Horvaths, mit denen wir seit Jahrhunderten bekannt sind, traten in ihre Kleiner-Horvath-Ära ein, genau vier Tage bevor unser Mimi-Zeitalter begann. Sie verstehen? Gleichzeitig Kinder zu kriegen, ist ein hervorragender Grund zur Vitalisierung alter Bekanntschaften.

An besagtem Wochenende war zufällig Ostern, und wir versteckten den Kindern Nester, halt so, dass auch drei zweijährige Blödis sie finden können. Alle drei Nester enthielten exakt dasselbe: eine von Ernährungsexperten nicht empfohlene Anzahl von Schoggieiern, Schoggihühnern und Schoggihasen, eine Ratsche, ein Pfeiferl, zwei Spielzeugautos. Die Nester wurden zügig gefunden, Folgendes geschah: Die eine Mimi, die seit Wochen jeden neuen Morgen mit dem bislang erfolglosen Ruf nach Luuukoooolaaadeee!!! begrüßt, verbrachte die folgenden Stunden in einem Schoggidelirium. Die andere Mimi zermalmte ein Ei, verputzte einen Hasen und deckte das Huhn mit dem Kunstgras zu. Und der kleine Horvath sammelte wie der Blitz alle sechs Autos ein und ward nicht mehr gesehen, bis eine der Mimis Stunden später mal eines ihrer Autos begutachten wollte. Da wurde der kleine Horvath ziemlich körperlich, und es gab viel Geplärre. Wissen Sie was, ich glaub, das ist das Testosteron.

Ich hab gerade «Die Wiederentdeckung der Gleichheit» (Ullstein), die spannende Streitschrift der französischen Philosophin und Feministin Elisabeth Badinter, gelesen, die ich sehr empfehle, weil sie darin den Frauen rät, nicht wehleidig zu sein, sich nicht über die Unterschiede zu den Männern zu definieren, sondern sie auszugleichen, sich nichts gefallen zu lassen und sich zu wehren, sozusagen wie ein Mann. Ich bin über weite Strecken ihrer Meinung, aber wie tut man das, wenn man ohne Testosteron geboren wurde? Wie holt man das auf? Weil, wenn ich mir den kleinen Horvath und die Mimis anschaue … Interessant.

Dabei geht die Horvath-Mutter, Ärztin, arbeiten, während der Künstlervater sich um den kleinen Horvath und den Haushalt kümmert. Alle drei Kinder haben ungefähr das gleiche Spielzeug, Lego, Autos, Plüschtiere, kleine Puppen, Dreiräder und Bücher, und trotzdem: Der kleine Horvath will nur mit Autos spielen, Bagger schauen und Bällen nachjagen. Und die zweite Mimi deckt abends stets ihren Bären gut zu und will jetzt immer die Puppen von größeren Mädchen adoptieren. Nur bei der ersten Mimi lässt sich behaupten, dass Geschlecht ein soziales Konstrukt sei: Die hat sich ihres offenbar noch nicht ausgesucht und zeigt keinerlei geschlechtstypische Spielpräferenzen. Allerdings hat sie mit ihrer Schwester gemein, dass sie keine anderen Kinder haut oder beißt, was der kleine Horvath schon tut, und zwar mit einem Engagement, das seine Eltern ratlos macht. Es muss das Testosteron sein, was anderes fällt uns dazu einfach nicht ein.

# Unter Müttern

Ich bin muffig. Es ist Vollmond, ich bin verkühlt, es ist 16 Uhr, und ich sitze mit lauter Müttern am Spielplatz und denke, weil es sich grad aufdrängt, über Gleichberechtigung nach. Weil wie das Tüpfli aufs i passt dazu die Gesellschaft, in der ich mich an diesem wie an fast jedem Spielplatznachmittag befinde: gute Gesellschaft nämlich, sehr gute Gesellschaft. Ich unterhalte mich mit Ärztinnen und Architektinnen, mit Beamtinnen und Beraterinnen, Psychiaterinnen, Programmiererinnen, Politikerinnen und anderen hervorragend ausgebildeten Frauen, die eindeutig nicht hierhergehören, sondern an ihren Arbeitsplatz, um zu tun, was sie gelernt haben: Leute heilen, Häuser bauen, das Internet designen, Politik machen und danach ein bisschen networken beim Apéro.

Aber wer ist an seinem Arbeitsplatz und beim Apéro? Die Männer. Während ihre Frauen auf die Kinder und so weiter, das übliche Pillepalle, aber warten Sie, die Geschichte kriegt noch einen Twist. Leser Urs R. fragte kürzlich in einem Leserbrief: «Lässt sich an einem schönen gewöhnlichen Werktag auf den Spazierwegen im Wald oder am See ein männliches Wesen älter als 15 und jünger als 60 Jahre treffen? Leider undenkbar!», schreibt Herr R. «Sind alles Frauen! Die Männer sind alle an der Arbeit!»

Aber wissen Sie was, Herr R.? Viele der Frauen auf den Spazierwegen wären dort auch gern. Der Spazierweg als solches wird nämlich völlig überbewertet, das weiß jede

Mutter, die ihn ein, zwei Jahre lang mit einem Kinderwagen abgetrottet ist und sich gewünscht hat, sie wäre nicht hier. Sondern in einem Kostüm. Bei der Lohnarbeit. Und die meisten Mütter, die augenscheinlich gemütlich am Spielplatz in der Sonne abhängen, die wünschen sich Ähnliches. Aber da ihre Männer im Durchschnitt um ein Drittel mehr verdienen als die Frauen, stellt sich die Frage nicht, wer in der Zeit, in der die Kinder klein sind, sein Einkommen aufgibt. Und Rosi hatte völlig recht, als sie letztes Mal in Zürich gemeint hat, dass man es drehen und wenden könne, wie man wolle, alles Unheil der Ungleichberechtigung resultiere daraus, dass die Frauen und die Männer nicht gleich viel verdienen.

Aber sehen Sie: Auf diesem Spielplatz, auf dem ich grad sitze, unterhalte ich mich auch mit Frauen, die teilweise signifikant mehr verdienen als ihre Männer. Frauen, die 70, 80 oder 90 Prozent des Familieneinkommens beitragen, mit Teilzeitarbeit, die sie am Vormittag und über Mittag und am Abend, wenn die Kinder im Bett sind, erledigen. Um zwei oder drei verlassen sie ihre Arbeit, gehen einkaufen, holen die Kinder von den Tagesmüttern, aus den Krippen und Kindergärten und sitzen dann mit ihnen am schlimmsten Ort der Welt, am Spielplatz. Weil, hey, es ist für einen Mann wirklich schon demütigend genug, wenn er weniger verdient als seine Frau. Welche Frau mit ein bisserl einem Herz würde der armen Sau da noch den letzten Rest Männlichkeit abzwicken, indem sie ihn auf den Spielplatz schickt? Unter lauter Mütter? Boah, bin ich muffig.

# Ich will alles

Auf die «Unter Müttern»-Kolumne, in der ich muffig am Spielplatz saß, kamen überraschend viele Leserbriefe, einerseits von Müttern, denen es auch so geht, was mich nicht wundert. Andererseits kritisiert Maria K., dass ich nie darüber schriebe, wie schön und erfüllend das Leben mit Kindern sei, und Christian W. ging überhaupt so weit zu fragen, wieso denn solche Frauen wie ich, die unbedingt arbeiten und sich selbst verwirklichen möchten, eigentlich Kinder haben wollen?

Erstens ist das eine saudumme Frage. Zweitens: Es wollen ja längst nicht alle. Von meinen Freundinnen wollte zum Beispiel Rosi nie eines (und das ist okay für mich, weil einmal, als wir in einem Straßencafé saßen, hielt sie ein noch sehr kleines Mimi im Arm. Angst.), und eine andere, eben 35 geworden, hat mir letzthin erzählt, sie und ihr Schatz hätten jetzt mal ernsthaft darüber gesprochen und seien zu dem Schluss gekommen, lieber nicht, lieber weiter ein Leben führen voller fauler, verlesener und vervögelter Wochenenden und langer Reisen, und überhaupt geht sie jetzt mal ein Jahr oder so nach Berlin, und dafür hat sie tatsächlich mein volles Verständnis. Ich würde ihr nie sagen, dass ich's neben dem Verstehen auch ein bisschen schade für sie finde, weil sie niemals auch nur die Idee davon kriegen wird, was ihr entgeht.

Denn was Maria K.s Kritik angeht, bin ich jetzt unter Druck. Jetzt sollte hier natürlich signifikantes Erlebtes rapportiert werden, das meine makellose Mimi-Liebe samt applizierter Aufopferung möglichst augenscheinlich illustriert, aber mir fällt gerade nur ein, wie der Lange und ich in der Früh, bevor wir zur Arbeit gingen, in unserem Bett an den Zehen der Mimis nagten, und die Mimis haben vor Vergnügen ganze Oktaven gegiggelt, und wie jeden Morgen fand ich, dass die Tage in meinem ganzen Leben noch nie so gut angefangen haben. Aber, lieber Leser Christian W., ich bin maßlos. Ich will an den Mimi-Zehen knabbern, und dann will ich mich anziehen und arbeiten gehen und mein eigenes Geld verdienen und, ja, mich ein bissi selbstverwirklichen, und abends will ich mit den Mimis und dem Langen am Familientisch zu Abend essen, und alle erzählen wir uns von unserem Tag. (Ich beschönige hier ein wenig unsere Familientischsituation, denn tatsächlich versuchen der Lange und ich, ein Gespräch zu führen, während das eine Mimi ohne Unterlass etwas brüllt wie Mimidickabauch! Mimidickabauch! Mimidickabauch!, während das andere mit dem Löffel Dellen in die Buchenholzplatte hämmert, weil es Nudelnudelnudel!!! will und kein Kisotto. Aber ganz bestimmt werden wir schon demnächst beglückende Konversationen über unsere Tage führen. Ich greife hier sozusagen nur vor.)

Ich will also alles. Ungefähr wie ein durchschnittlicher Mann. Und ich werde nicht aufhören zu streiten und muffig zu sein, bis auch Sie das kapiert haben, und wenn ich die Mails von Verena S., Anni I., Daria, Vreni I., Sylvie R., Janet M., Manuela A., Margit M. und noch 35 arbeitenden Müttern richtig verstanden habe, bin ich damit nicht allein.

# Mutter macht sich locker

An manchen Tagen sitz ich um halb zehn im Büro, hab davor mit den Kindern im Bett Bücher angeschaut, war eine halbe Stunde laufen, hab den Kindern Marmeladebrote geschmiert und sie ihnen dann aus den Haaren gewischt, hab sie angezogen, hab mich geduscht, hab mir die Haare gewaschen, die Kinder zum Abschied geküsst, hab die Blumen auf dem Balkon gegossen, hab mich hübsch gemacht und auf dem Weg ins Büro auf der Post was erledigt. Heute ist nicht so ein Tag. Heute hab ich um zwanzig nach acht mit feuchten, zerzausten Haaren die jammernden Kinder Richtung Kindergarten gezerrt, nein, du hast schon zwei Kastanien, lass die liegen, niiicht DIIIIE!!!, da hat ja schon ein Hund draufgekackt!!!, komm! jetzt! weiter!!! Schon von der Früh weg war alles verloren; der eine Zwilling rannte unmittelbar nach dem Aufstehen erstmal eine Viertelstunde wie ein Derwisch durch die Wohnung, im Alarmstufe-Rot-Sirenenton, weil der Igelbezug des Lieblingspolsters widerrechtlich gewaschen und durch einen Karobezug ersetzt worden war. Der andere Zwilling weinte bitterlich, alle Lieblingspixibücher irgendwo verschwunden, vermutlich von einem Tiger gefressen, wo ist «Morgen früh um sechs kommt die kleine Hex»?, wie soll ein sensibles Kind den Tag ohne die kleine Hex anfangen?

Solche Tage sind strukturell im Arsch. Verlässlich merkt man im Büro, dass man die ganz und gar unpassenden

Schuhe trägt, was auch mich, wie das Anke Engelke mal präzise auf den Punkt gebracht hat, total verunsichert, da gelingt auch das übliche Lockermachen bei geistiger Beschäftigung nicht, da alles Mentale von den falschen Schuhen irreparabel kontaminiert ist. Was daher kommt, dass Kleinkindmüttern in der Früh das Frauenrecht auf vier- bis fünfmaliges Umziehen verwehrt ist. Also Selbstzerfleischung bis halb vier. Im Kindergarten wird sich mindestens ein Kind schreiend auf dem Boden wälzen, weil es nicht in seinen Tigerli-Patschen nach Hause gehen darf, sondern die absolut unzumutbaren Gummistiefel anziehen muss, was meine Nerven in hauchdünne Fädchen verzaubert. Weshalb ich das pädagogisch wertvolle Programm (kommentiertes Einkaufen ohne Smarties und Zuckersaft) durch das pädagogisch fragwürdige Einkaufen (mit Smarties, Zuckersaft, Fitzers und Chips) ersetze, auf dem Spielplatz ein bisschen vertrockne und zu Hause das lustige Liederbuch von vorne bis hinten durchsinge (86 Lieder, kein Witz), 11 Mal «Mein Esel Benjamin» vorlese und 23 Mal die vom Tiger glücklicherweise ausgespuckte kleine Hex.

Genau: Vorbildmutter von vier bis halb acht, und als ich dann zur Belohnung die Nachrichten sehen möchte, werden die in zusammenhanglose Halbsätze zerbrabbelt, und als ich sage, Kind, süßes, Kind, bitte ein kleines bisschen Ruhe, bittebitte, da sagt das brave Kind ja, Mama, gut, gut, bissi Ruuuhe!! Leider sagt sie es dann 600 Mal in Alarmstufe-Rot-Lautstärke. Aber morgen gibt's ja neue Nachrichten. Und morgen geh ich wieder laufen. Ja. Sicher.

# Desto vorbeier

Jetzt schauen wir am liebsten «Papa Löwe und seine glücklichen Kinder»: die Mimis, weil die glücklichen Löwe-Kinder viel lehrreichen Unsinn machen; ich, weil in dieser Janosch-Serie Mama Löwe praktisch nicht vorkommt. Mama Löwe muss nämlich die ganze Zeit in ihrem Büro wichtig arbeiten und ruft höchstens hin und wieder an, um Papa Löwe daran zu erinnern, dass er ihr rotes Kleid aus der Reinigung holen muss. Während mein armes Büro gerade verwaist: Das blonde Mimi hat Scharlach und wurde vor einer Woche gemeinsam mit dem anderen, gesunden Mimi in Quarantäne verfügt. Und anstatt in der Abgeschiedenheit von Umwelt und Kindergarten zügig und elternschonend zu heilen, baute das blonde Mimi trotz Antibiotika den Scharlach aus, und das brünette kriegte, ich weiß nicht, wie, eine Mittelohrentzündung. Ich hab fast geheult, als mir die Kinderärztin die Diagnose «mindestens eine weitere Woche kein Kindergarten» überbrachte, und zwar nicht aus Mitgefühl mit dem Nachwuchs.

Den Mimis steckt man nämlich bei Fieber über 38,6 ein Zäpfchen in den Popo, und keine halbe Stunde später rückverwandeln sie das, was ich unter Ausnutzung eines kurzen Fieberschlafs schnell mal in eine Art von äh Wohnung verwandelt habe, wieder in das, was die Mimis unter einer mimigerechten Umgebung verstehen. Unsere Wohnsituation reiht sich harmonisch unter jene sich häufenden Anlässe, bei denen der Lange zu sagen pflegt: Mein

Leben ist sowieso vorbei. Ich darf ergänzen: je kranker die Mimis, desto vorbeier. Wobei «krank» dank dieser Fieberzäpfchen eben eine relative Angelegenheit wird. Und es ist, ich sags ehrlich, für jenen Erziehungsbeauftragten, der unter Hängen und Würgen seine Arbeit im Stich gelassen hat, extrem demoralisierend, wenn die siechen, pflegebedürftigen Angehörigen mit 35 Stundenkilometern durchs Wohnzimmer rasen. Krakeelend, selbstverständlich. Ich will eine Kakao! Ich will Lukolade! Wo ist mein Baumeister? Wo ist mein Mororradfahrer? Ich will singen! Das ist MEIN Igelpolster! MAAAAAAINS! Geh weg! Ich will ein kleines. (Ein kleines was?) Ich will ein kleines! (Kind, was kleines?) EIN KLEINES! GIB! MIR! EIN! KLEINES! Du gehst auf das Nerven mir!

Der Gerechtigkeit halber muss ich sagen: Von den bislang sieben Quarantänetagen blieb der Lange vier daheim; ich war schon nach dreien total gerädert. Dann war erneut Wochenende, und ich sag Ihnen was, so ein Wochenende wird, wenn man schon wieder nicht rauskann, eine Quälerei, die unseren eh schon labilen Familienfrieden zusätzlich belastet. Ich hatte keine Ahnung, wie sehr wir auf das Nerven uns gehen können, wenn man uns ein paar Tage zusammensperrt, und das gilt wirklich für jedes einzelne Familienmitglied. Zum Glück gibt's Fernsehen und Süßigkeiten, sonst hätte ich den kleinen Richard-Ford-Artikel in der «Zeit» bis heute nicht fertig gelesen. Sondern die Kinder verprügelt und die Wohnung verlassen, oder so was. Und zum Glück gibt's Oma, und ab morgen hat sie wieder Zeit und kommt und rettet uns.

# So genau wollen wir es gar nicht wissen

Die Mimis bekamen zu Weihnachten ihre ersten Roller; noch bessere Werkzeuge zur noch effizienteren Verwüstung unserer Wohnung. Sedlacek bekam zu Silvester eine Abfuhr von wem Blonden. Ich bekam letzte Woche auf einem Foto ein adrettes Landadeligen-Image verpasst, und Haemmerli bekam seine Chance zur Häme. Ist das dein Salon, in dem du da posierst?, smste Haemmerli aus Indien, wo er weitab von der schrecklichen Flut die Medien im Internet studierte. Darling, das ist die Zürcher Hummerbar, smste ich, warum waren wir da eigentlich noch nie? Eine Frage, die Haemmerli in gerechter Zerknirschung nicht beantworten konnte.

Und, ach ja, die Fischers in Innsbruck bekamen ihr Baby, worauf der Lange und ich den üblichen freudetrunkenen Anruf von Toni Fischer bekamen; Mutter und Kind wohlauf, alles super. Dann bekam ich drei Fotos in meine Mailbox, die einen zerknitterten Säugling und weit mehr von Sissi Fischers Brüsten zeigten, als ich über Sissi Fischers Brüste wissen möchte. Der Lange hat überhaupt gleich gebrüllt, weg! das! Fo!to!, und warum eigentlich die Leute, wenn es ums Gebären geht, so überhaupt keinen Genierer haben! Kreuzsakrament!

Eine Geburt macht die davon betroffenen Menschen fast immer zu zeigefreudig und ganz ungeniert, was physiologische Vorgänge und die dafür benötigten Körperteile angeht. Handstreichartig nimmt die Natur die Zivilisiertheit in Geiselhaft. Lotte etwa, auch in Erwartung, hat von sich selbst die Vorstellung einer fitten, federnden Sportschwangeren. Ihr Bauch hat diese Vorstellung nicht, und nachdem sie alles Mögliche zu seiner Überlistung unternahm, wurde sie in der 21. Woche mit Blaulicht ins Krankenhaus gefahren. Nun liegt sie mit ihrem Telefon auf ihrer Couch und informiert unterschiedslos jeden über die aktuelle Beschaffenheit ihres Gebärmutterhalses, wie vertrichtert, wie lang, wie labil. Ich, als Freundin und Ex-Schwangere, kann damit umgehen, gebe Lotte aber zu bedenken, dass ihr Friseur, ihr Getränkelieferant und ihr Opa möglicherweise etwas überfordert sind. «Wiesssso?!?», bellt Lotte in ihr Telefon, denn sie ist momentan ganz unfähig, sich vorzustellen, dass die Physik ihrer inneren Teile nur ihr ein zentrales Ereignis sein könnte, dem Fahrradkurier aber nicht. «Weil», sage ich, entwende dann aber einem Mimi seinen Schnuller und werfe ihn quer durchs Zimmer, und das empörte Geschrei verschafft mir die Möglichkeit, das Gespräch spontan abzubrechen: Dieses Argument verschiebe ich lieber um circa zehn Monate. Dann wird Lotte abgestillt und hoffentlich zu ihrer üblichen Dezenz zurückgefunden haben.

Die Fischers und Lotte können nichts für ihren Zeigezwang, das hat die Natur so eingerichtet. Zum Glück geht dieser Exhibitionismus wieder vorbei. Bis zum Abstillen ihrer Brut findet eine junge Mutter nichts dabei, ihre Brüste in der Öffentlichkeit aus der Bluse zu reißen, aber bitten Sie doch dieselbe Frau drei Wochen danach, in einem Café ihre Brüste zu zeigen. Sie wird Ihnen völlig zu Recht eine scheuern; auch das hat die Natur so vorgesehen. Welcome back, Zivilisiertheit. Du wunderbare Tugend.

# Wo wir wilden Weiber wohnen

Eh klar taucht der Lange kurz nach fünf auf, linst in die Küche, äugt ins Wohnzimmer. Wo sind sie? Weiß nicht, sag ich, reißen wohl grad irgendwo eine Mauer nieder, schau im Schlafzimmer. Nicht die Kinder, sagt der Lange, deine Freundinnen. Eh klar. Falls ich ihn um diese Zeit unbedingt gern in der Nähe hätte, hat der Lange verlässlich eine Besprechung, also sitzt mit seinen Kollegen beim Apéro. Heute hat er Hausverbot, naturgemäß ist er da. Ich erklär dem Langen, dass er, wenn die Freundinnen um sechs kommen, schon weg sein wird. Jaja, sagt der Lange, er wollte sowieso mal wieder ins Kino. Und wie, sag ich. Schön aufgeräumt hier, sagt der Lange.

Gut, ich bin ein wenig nervös, weil diese speziellen Freundinnen noch nie bei uns waren und die Mimis noch nie gesehen haben, außer Mizzi, aber das ist auch schon wieder ein Jahr her. Denn dieser Teil meines Freundinnenkreises hat ältere oder keine Kinder und trifft sich strikt aushäusig, bevorzugt an Orten, an denen teure, unbequeme Schuhe Sinn machen und wo es extrem unangebracht ist, lauter als gar nicht über Kleinkinderdinge zu sprechen.

Ja, ich hab die Wohnung aufgeräumt, ja, im Ofen schmurgeln ein paar Hühnerteile in einer schicken Soße, und ja, die Mimis sind in sorgfältig zusammengewürfelte Flohmarktcouture gekleidet, was dem einen Mimi einerlei war und das andere hartnäckig und erfolglos bekämpfte. Normalerweise tragen sie H&M und C&A; das andere akzeptiert überhaupt nur noch Bob der Baumeister- oder Winnie-Pu-Sachen, aber heute nicht. Weil. Ich. Es. Sage.

Ja, ich will einen bestimmten Eindruck machen, gelassen, unkompliziert, hip und bisschen Bobo, und bevor hier ein falscher Eindruck entsteht: Das sind feine Weiber, die ich da erwarte. Tüchtige, gut geerdete Frauen, mit hohen, selbstverständlich zum Scheitern verurteilten Ansprüchen. Hanni zum Beispiel gab beim letzten Treffen strahlend die erste Flasche Rotwein aus, zur Feier des Auszuges ihres 18-jährigen Sohnes: endlich sich nackt durchs Appartement jagen lassen von dem slowenischen Kunstdozenten, den sie vor einem Jahr in zweiter Ehe zum Gemahl nahm. Nach der dritten Flasche gestand sie, dass sie dem Sohn, um den Kontakt auf einer regelmäßigen Basis zu halten, einmal die Woche die Wäsche macht; bügeln und liefern inklusive. Cheers! Die zweite Flasche spendierte Mizzi, sie feierte ein neues (das neunte) Kindermädchen ihrer elfjährigen Tochter, was es ihr ermöglicht, weiterhin rund um die Uhr zu arbeiten und dem längst entflohenen Tochtervater auch künftig sein mittelloses Privatgelehrtendasein zu gewährleisten. Das Kind ist etwas frühreif, spricht aber passabel Polnisch. Die dritte Flasche gab Evelyn bezüglich eines Kerls aus, eine vierte schafften wir entgegen unserer üblichen Gepflogenheiten nicht mehr, also lud ich, ihr wolltet doch endlich mal die Mimis sehen, in meine Wohnung zum Essen ein. Begeisterung! Eh klar drückt sich der Lange, als es kurz nach sechs klingelt, noch im Flur rum, und eh klar trägt das andere Mimi, als die Damen an der Tür erscheinen, über ihrem original Siebziger-Frottékleid ein original Pu-der-Bär-Unterhemd und dazu einen Bauhelm, aber ich muss sagen, das sieht extrem lässig aus.

# Wir kommen, um uns zu beschweren

Alle rufen um halb vier an. Täglich sitz ich von neun bis drei vorm Laptop, das Hirn kinderkramfrei und einsatzbereit, das Telefon stumm. Das Telefon klingelt um halb vier, wenn ich in der Garderobe vom Kindergarten unter baumelnden Säcken voller angebrunzter Unterhosen nach den Schuhen meiner Kinder suche: Es ist Sedlacek, es ist jemand aus der Redaktion, es ist Mutter Breuss, die normalerweise genau jetzt genau hier neben mir unter ein Bankerl kriecht und die Schuhe ihres Sohnes sucht. Heute sucht der Vater. Mutter Breuss ist between meetings und hat endlich Zeit, auf eine Nachricht zu reagieren, die ich am Freitag auf ihrem Anrufbeantworter hinterlassen habe. Stör ich?, sagt die Breussin, aber na, sag ich, du weißt ja, halb vier ist eine super Zeit zum Anrufen, dreiviertel vier auch, da geh ich mit einem Kind an jeder Hand eine tüchtig befahrene Straße lang oder versuch, in die Straßenbahn zu kommen, ohne eins zu verlieren, nur ab vier ist es, Mausi, bitte heul nicht, deine Pu-der-Bär-Kappe finden wir schon, ab vier ist es fad, da sitz ich am Spielplatz und studiere das demographische Missverhält... Jetzt krieg dich wieder ein, sagt Mutter Breuss, ich ruf dich in einer Stunde an, und ich sag, guhuut.

Übrigens hat Leser Siegfried S. beklagt, er stolpere nun ständig in diese Kolumne und wähne sich dann in «Brigitte» oder «Woman». Auch Wiglaf Droste, der sonst nicht so blöd ist, beschwert sich in seinem Buch «Der infrarote Korsar», das von Gürkchen, Brötchen, Kastanien und nicht von Kindern handelt. Über Leute, die so abgewrackt sind, dass sie über ihre Kinder schreiben.

Werte Herren S. und D., Sie müssen jetzt stark sein. Finden Sie sich lieber damit ab, dass Sie jetzt öfter auf Mütter treffen, die ihr Maul aufreißen, nicht nur in Kolumnen. Nichts ist mehr wie früher. Die Weiber kriegen ihr erstes Kind mit durchschnittlich 29, das heißt, es gibt jede Menge frischer Mütter bis 45, und da ist man kein junges, unsicheres Trutscherl mehr, das sich, seiner Bestimmung endgültig zugeführt, bis zur Volljährigkeit des Nachwuchses glücklich im Kinderzimmer einrichtet. Nein, die haben schon ein bisschen was erlebt, geleistet und weggearbeitet, die wissen, wer sie sind und was sie dürfen. Und die beschränken ihr Dasein dann nicht auf Küche, Spielplatz und «Brigitte», wo Sie, so interpretiere ich Herrn S., eigentlich hingehören. Nix da, die leben frech so ähnlich weiter wie davor. Zumindest versuchen sie das, und wenn es nicht gelingt, dann machen sie, das ist das Ärgste, nicht automatisch die eigene Unzulänglichkeit, sondern die Gesellschaft dafür verantwortlich; auch Sie, Herr S., gerade Sie.

Rechnen Sie also mit diesen Müttern und ihren Kindern und Beschwerden, und zwar dort, wo Sie jetzt gerade sind, in Ihrer Straßenbahn, Ihrem Lieblingscafé, Ihrer Zeitung. Ich hab gerade eine am Telefon; Breussin, das ist eine Sauerei, lass dir das ja nicht bieten, und Mutter Breuss sagt, na was glaubst.

# Fehler, Fehler, Riesenfehler

Denn es geht, und hier rekurriere ich noch mal auf Wiglaf Drostes selektive Blödheit, ja nicht darum, mit lustigen Kinderanekdoten Quote zu machen. Es geht darum, das Leben mit Kindern in eine Beziehung zum anderen Leben zu stellen, denn zwischen dem einen und dem anderen gibt es, das weiß ich jetzt, bedauerlich wenig Interaktion. Parallelgesellschaften, wenn man so will. Im Unterschied zu früher bin ich jetzt auch der Ansicht, dass dem Leben mit Kindern nicht nur der Vorzug zu geben, sondern auch eine Bevorzugung einzuräumen sei, weil ich jetzt weiß, wie beschwerlich das Leben mit Kindern sein kann, technisch gesehen. Das sage ich nicht, weil ich, wie Leser Karl L. mutmaßt, eine frustrierte Mutter bin, sondern weil ich eine Mutter bin. Aber von Müttern wird, das irritiert mich etwas, stets erwartet, dass sie vor Glück und lustigen Kinderanekdoten nur so übersprudeln, und sonst bitte gusch. Oder wenigstens sollte man so schadenfroh über sie ablachen können wie über die «Desperate Housewives» aus dieser Scheißserie. Eine wahrheitsliebende Schweizer Miss hat kürzlich in einem Interview über ihren kleinen Sohn gesagt, er gehe ihr von Zeit zu Zeit auf den Zeiger, dafür kriegte sie so auf den Deckel, dass sie hinterher in 99 Interviews versichern musste, wie sehrsehrsehr sie ihren Sohn übrigens liebe. Hier ist es ähnlich.

Auch meine Kinder gingen mir diese Woche wieder unbeschreiblich auf den Zeiger, unterbrochen von zärtlichster Verliebtheit und rasender Glückseligkeit, und das meine ich völlig ernst. Am Dienstag sitze ich mit Mutter Breuss in meiner Küche, die Kinder fetzen durch die Wohnung, und wir lachen fröhlich über Lottes Bemerkung, wie sie sich auf die freie Zeit nach der Niederkunft mit dem Karli freut. Lustig, lustig, tralala. Die wird schön schauen. Aber, sagt Mutter Breuss: Genauso, wie sie nicht ahnt, dass auch sie, die taffe Powerlotte, die schon mit ganz anderen Kerlen fertiggeworden ist als mit so einem hilflosen kleinen Karli, bald in vielen Stunden nicht wissen wird, wie sie das packen soll, weiß sie auch nicht, was sie alles sozusagen als Gratis-Mehrwert dazubekommt. Mir war zum Beispiel nicht klar, dass man sich so oft freuen kann. Genau, sag ich, früher fand ich grad mal Harald Schmidt lustig, und jetzt lach ich hundert Mal am Tag. Wusste ich alles nicht, sagt Mutter Breuss, und jetzt weiß ich es, und ich kann nicht mehr reinen Herzens jemandem zustimmen, der sich entschieden hat, kein Kind zu haben.

Ja. Ja. Wenn mir Leserin Karin-Anne T. also schreibt, aufgrund meines enervierenden Gejammers sei sie nun entschlossen, nie Kinder zu haben, muss ich sagen: Fehler, Fehler, Riesenfehler. Sie haben nämlich keine Ahnung, was Sie sich entgehen lassen.

# Ich hab doch eh gelebt

Manu, die im Unterschied zu Lotte grad kein Kind gekriegt hat und auch keins will, sagt, als wir bei Lotte im Spitalszimmer stehen, hübsches Kind, süßes Kind, aber wenn jetzt eine von uns davon anfängt, ob sie denn nicht allmählich auch, verlässt sie dieses Zimmer und sucht sich auf der Stelle neue Freundinnen. Dabei fixiert sie mich, und ich äh weiß schon warum, weil vorgestern, als sie bei mir babysitten war, hab ich ihr nach meiner Heimkehr bei einer Flasche Rotwein eine, wie ich fürchte, zart missionarische und nicht völlig pathosfreie Rede gehalten, im Prinzip der letzte Satz meiner letzten Kolumne, nur etwas äh länglicher. Also, dass sie unbedingt ein Kind braucht, undsoweiter undsofort. Ich sage, es tut mir leid, als beste Freundin fühle ich mich verpflichtet, sie vor der Kinderlosigkeit zu warnen, vor allem, weil sie schließlich schon ein bisserl über 35 ist. Manu sagt, das respektiert sie, herzlichen Dank, und sie hat's kapiert, und wenn ich in ihrer Gegenwart je wieder davon anfange, ist sie meine Freundin gewesen. Ich senke mein Haupt in Reumut; okeokeoke.

Was ich letztes Mal vergessen habe: Warten Sie mit der Mutterwerdung unbedingt, bis Sie mindestens 30 sind. Besser 35. Wenn möglich 40 oder darüber. Es schadet auch keinesfalls, wenn Sie vor der Niederkunft ein paarmal aus waren, eine Zahl zwischen 2000 und 4000 Mal scheint mir angebracht. Denn so eine Zahl kann man sich hinterher, in einer jener Nächte, die man entschieden nicht mit Halligalli verbringt, sondern beim Herumtragen von wimmernden Säuglingen oder beim Einschlafen vorm «Tatort», wieder und wieder vorsagen. 3500, ich hab doch eh gelebt. 3500, gut, dass sich mein Organismus jetzt ein bisschen regenerieren darf. 3500, was könnte ich da noch versäumen? Man sollte nämlich möglichst wenig versäumt haben, bevor man Kinder kriegt, aber das kann dir, sage ich zu Manu, eh nicht mehr pass… Manu? Manu??

Also bewundere ich noch mal Lottes süßen kleinen Karli, ein Mädchen übrigens. Ich bin sehr für Mädchen, da ich Testosteron für ein völlig überschätztes Hormon halte, weshalb ich es auch sehr begrüße, dass ich zwei Mädchen habe, auch wenn eines davon ein Bub ist. Sie hat das selbst entschieden, ich red ihr da nix drein, sag ich zur Hofingerin, als wir mit dem Horvath im Museumsquartier in der Sonne sitzen und eine Kleinigkeit trinken, während die Kinder auf den Enzis rumturnen, das Hofinger-Dirndl, der kleine Horvath, mein Mädchen und mein Bub. Eh lustig, sagt Mutter Hofinger, ja, sag ich, Geschlecht ist doch eh ein ein ein soziales soziales äh Konstruktiv, sag ich, Konstrukt, sagt Mutter Hofinger, äh sag ich, äh ja, Konstrukt, konstruktives Konstrukt äh haha sozusagen, ja, wer will noch ein Bier? Ich, sagt Mutter Hofinger, ich, sagt der Horvath, und ich nehm dann lieber doch einen Saft.

# Du sollst nicht mit Sandschaufeln werfen

Eben noch danke ich dem Herrn, dass nur eines meiner Kinder etwas Derartiges wie eigenen Geschmack entwickelt, schon rasselt das andere Kind voll in die Prinzessinnenphase. Wobei es mir erstaunlich egal ist, dass es laut ihrer Ansicht augenblicklich für ein Mädchen ihres Alter nur vier vertretbare Farben gibt – Rosa, Pink, Lila und Rosa –, aber leider führt es dazu, dass auch sie jetzt um jede Unterhose und jede Socke – die nicht!! – streitet. Das gehörte bislang zu den Privilegien des anderen Kindes, und bereits das brachte mich damit täglich an die Außengrenzen meiner morgendlichen Belastbarkeit. Aber ich wollte die Pu-Socken anziehen! Die sind dreckig. Du wäschst sie! Ja, aber nicht jetzt, zieh die hier an. Die nicht! Doch. NEINEINEIN!

Fragen Sie erst gar nicht, wie der Lange auf solche Stildebatten reagiert: Wir haben uns längst darauf geeinigt, dass er für die morgendliche Kaffee- und Kakaoerstversorgung zuständig ist, dafür darf er friedlich duschen, während ich beide Kinder unter Gezeter und Geschrei in Textilien zwänge. Das Prinzessinnenkind trägt jetzt also, Witterung hin oder her, nur noch rosa Rüschenkleider zu rosa Strumpfhosen und rosa Gummistiefeln; während das Bubenmädchen großen Wert darauf legt, dass möglichst nichts darauf hinweist, dass sie ein Mädchen ist. Sie verweigert Röcke, Kleider und rosa, und selbst ich, die ich bis weit in meine Pubertät hinein einen strikt kontrafemininen Bekleidungs- und Frisurenstil pflegte, sähe sie manchmal gern in etwas, das ein bisschen weniger an Huckleberry Finn gemahnt. Immerhin hat sie kürzlich in ihrem Schrank etwas gefunden, das sie seither als Fußballtrikot akzeptiert: Tatsächlich handelt es sich um ein hübsches, geringeltes Jersey-Sommerkleid mit kurzen Ärmeln und aufgenähter Bauchtasche, aber ihr verlogenes Mutterviech klärt sie aus reiner Putzsucht nicht über die Wahrheit auf. Das Kind trägt das Teil über Jeans, und mittlerweile wissen alle Kindergärtnerinnen und das ganze Mütterrudel, dass es bei Geschrei verboten ist, das hübsche Kleid zu loben. DAS! IST! EIN! FUSSBALL-LEIBI!!!!

Kurz plagte mich die Sorge, dass die Buben im Kindergarten sie auf uncharmante Weise auf ihren Irrtum aufmerksam machen könnten, aber als ich die Kinder kürzlich in der Früh ablieferte, bemerkte ich, wie ein Fünfjähriger bei unserer Ankunft des Bubenmädchens Patschen apportierte; sie hat sich offenbar einen für eine Dreijährige bemerkenswerten Respekt verschafft. Gutes Mädchen; dabei neigt sie noch nicht mal zur Gewalt. Was im Übrigen der Hauptgrund ist, warum ich gerne alle mit Mädchenmutterschaft einhergehenden Geschmacksverirrungen in Kauf nehme; Krönchen, Ponys, Tütüs, Plüschtierlawinen, Barbie-Attacken, komme, was wolle: Denn dafür bleiben meine Mädels von Testosteron verschont. Im Moment bedeutet das: Sie akzeptieren auch anderes Spielzeug als Ritterburgen und Matchbox-Autos, werfen nicht mit Sandschaufeln, sie spucken nicht und hauen sich nicht mit Holzschwertern die Köpfe blutig. Danke, Herr, für Mädchen; auch wenn du mich jeden Morgen beim Anziehen deswegen fluchen hörst.

# Schick mir Chantal

Honzo mailt mir ein paar Fotos von seiner neuen Wohnung in Zürich und huhuhu. Es ist so, dass Honzo und ich das Schicksal der Elternschaft teilen, aber, wie die Fotos beweisen, sonst nicht viel. Halt, doch, denn es wurde, wie ich überrascht registriere, in beiden Wohnungen der Couchtisch entfernt und durch ein Trampolin ersetzt; sollten Sie Kinder ab Krabbelalter haben, muss ich nicht erklären, wieso. (Falls nicht: Couchtische machen unschöne Dellen in Kleinkindstirnen; zudem bleibt Ihr Bier sowieso nicht darauf stehen.) Abgesehen davon hat Honzos Wohnung mit unserer beschämend nichts gemeinsam. Weil: So muss man wohnen. So einen makellosen Boden muss man haben; solche Fenster, solche Linden davor, so eine Küche, so muss sie in den Wohnbereich einfließen, so einen Wohnbereich. Solche Stühle müssen vor, solche Blumen auf dem Esstisch stehen. So ordentlich muss es sein. So ordentlich muss es sein.

Honzo weist in seinem Mail darauf hin, dass auf Foto 2, also dem Küchen-Foto, unter dem Baselitz etwas unscharf Max, vier, zu erkennen sei; äh, was? Ah, ja, jetzt sehe ich es: Max sitzt sehr klein und ordentlich auf einem Stuhl; rund um ihn herum stehen Dinge rechtwinklig, systematisch, Kante-auf-kantig, vor allem aber gar nicht. Wäre Max nicht zufällig ins Bild geraten, würde weder Foto 1 (Eingangsbereich), noch Foto 3 (Wohnbereich Süd) und auch nicht Foto 4 (Wohnbereich West) den kleinsten

Hinweis enthalten, dass diese Wohnung von einem Kind mitbenutzt wird. Ich maile Honzo, dass sein Apartment schön, schön, beneidenswert schön sei, und Max ist wohl ein sehr ordentliches Kind? Weil bei uns. Das nicht, mailt Honzo, aber Chantal sei eine sehr ordentliche Frau. Richtig, Chantal.

Ich konstatiere dieses Phänomen auch bei den Breussens und den Hofingers, neidvoll. Wie geht das? Zwischen verrückt schönen Antiquitäten und/oder Designermöbeln bleibt dort der wirkungsadäquate Luftraum penibel frei: Wann immer wir diese Wohnungen betreten, liegt ein Minimum von ausgewählten Dingen ausschließlich an den für sie vorgesehenen Plätzen. Nicht, wenn wir die Wohnung wieder verlassen. Ich bemerke eine Tendenz, uns nicht allzu häufig einzuladen.

Denn wir sind schlampig. Bei einem der Kinder vermutete ich kurz eine genetisch veranlagte Ordentlichkeit, quasi von meinem Vater unbehindert auf meine Tochter übergesprungen. Das Kind stellte seine Schuhe reihig und paarweise auf, schloss Schranktüren und benahm sich auch sonst auffällig, beugte sich aber schließlich dem Druck der Restfamilie und verliert nun die Schuhe exakt da, wo sie von den Füßen fallen. Ja, das ist mein Baby.

Das Foto, das ich Honzo dann sozusagen revanchemaile, ist ein Foto von unserer Küche, und Honzo mailt zurück, dass, tja, die seine vergleichsweise unbelebt wirke. Wobei deutlich anklingt, dass er Unbelebtheit unserer Existenzform jederzeit vorzieht. Jaja. Schick mir Chantal, dann tu ich das auch.

# Ein Schwert, bitte

Erzürnte Beschwerden von Honzo aus Zürich; wird er je eine Antwort auf seine elf E-Mails bekommen? Bitte, es waren zwei, trotzdem exküsi Honzo; ich erhole mich gerade vom Geburtstagswahnsinn. Denn die Kinder wurden drei, und auf drei geht's los. Honzo hat einen vierjährigen Max, verzeiht also stante pede, während Horvath, dessen kleiner Horvath erst im Juli drei wird, sich allen Ernstes einredet, das ließe sich im kleinsten Familienkreis erledigen, haha. Ha. Am Tag nach der Geburtstagsparty – zehn Drei- bis Vierjährige plus Personal – stehe ich sieben Uhr früh mit einem Bombenkater in der Küche und versaue einen makellosen Biskuit mit rosa Zuckerguss, Gummibärli und Smarties, denn neben der Haus-Party gibt's auch noch eine Kindergarten-Party. Und hätte meine gute Mutter nicht schon diesen Biskuit vorgebacken, würde ich gewissenlos mit einem Aida-Kuchen erscheinen, finden die Kinder eh leckerer. Nix da, gegessen wird, was Mutter anschafft.

Zum Trost mailt mir Honzo ein Foto, das den glücklichen Max neben einem dieser 350 riesigen Polyester-Bären zeigt, die jetzt den ganzen Sommer über Zürich verschandeln, attached an den resignierten Kommentar, die süßen Kleinen liebten die Bären halt, man könne nichts machen.

Ich sofort senkrecht palmeaufwärts. Nicht, dass zu diesen vermaledeiten Bären nicht schon alles gesagt und geschrieben wäre, aber da packt mich ein quasi schlingensiefistischer Zwang, auch noch aufzuzeigen: Bitte, wir waten zwar bereits brusthoch in abgegebenem Senf, aber meiner fehlt noch, also stillgestanden. Mensch Honzo, mail ich, früher warst du so ein kompromissloser Hund, und jetzt lässt du dich von deinem Kind komplett korrumpieren? Oder was? Man darf sich doch, Kinderentzücken hin oder her, die jahrzehntelang antrainierte radikale Renitenz nicht abkaufen lassen! Da muss man doch dagegen sein, Honzo, dagegen, dagegen und dagegen! So lange, bis kein Bär mehr steht, Honzo! Verrückt, was euch verrückt macht! Honzo? Weil es nichts damit zu tun hat, unterschlage ich Honzo ein bisschen, dass ich meinen Töchtern zum Geburtstag einen Koffer voll Prinzessinnen-Bedarf geschenkt habe, rosa Rüschenkleider, Tülltütüs, Schleier, Schleppen, Krönchen, und einiges hab ich, und auch das erfährt Honzo nicht, mit diesen Händen selbstgenäht. War ich nicht mal eine taffe Antichichischistin? Erbarmungslose Verächterin der Farbe Pink? Und jetzt … Komplett korrumpiert von zwei Dreijährigen. Oder was.

Zu meiner Rechtfertigung könnte ich vorbringen, dass ich in präventiv-psychologischer Tücke handle, um meine Töchter durch eine frühkindliche Mädchenpipapo-Übersättigung zu zupackenden, hantigen Feministinnen zu formen. Alles Vorsichtsmaßnahmen quasi.

Das nun ist ein Problem, das Horvath nicht hat. Horvath schenkt dem kleinen Horvath zum Geburtstag ein Schwert, der haut damit einem auf den Kopf, wird von einem auf den Kopf gehauen, damit ist er ein Mann und seine Sozialisation praktisch abgeschlossen. Jedenfalls braucht er seine Einstellung das ganze Leben lang nicht mehr grundlegend zu ändern, mit etwas Feinjustierung da und dort kommt er locker durch.

Mit Mädchen dagegen ... Alles furchtbar kompliziert. Demnächst beginne ich mit dem Pferde- und Ponyterror, sicher ist sicher.

# And you're my Ladyboy

Die Tütüterrortaktik, die ich an meinen dreijährigen Mädels ausprobiere, ist erschreckend erfolgreich. Wie wir letzten Montag lauschig im Volksgarten sitzen, sagt das eine Kind, es muss Lulu, und zwar jetzt. Also rase ich pronto mit ihm auf die Toilette, und als es dort sitzt, sieht es an sich runter und fragt, wann es denn nun endlich ein Zipfi kriegt. Ich sag, Mausi, es tut mir leid, du kriegst nie einen Zipfel. Das Kind fängt wie blöd an zu heulen, dass der Anton und der Oskar aber schon ein Zipfi haben, und es will jetzt auch endlich einen. Ich sag dem Kind, dass ich ihm diesen Wunsch leider abschlägig bescheiden muss, weil Mädchen undsoweiter. Riesengeheul, dass sie kein Mädchen ist, sondern ein Bub, ein Bub! und Buben haben ein Zipfi. Also wann jetzt! Sie hört erst auf zu plärren, als ich ihr sag, wenn sie groß ist, kann sie sich eins machen lassen und ein Bub werden, und jetzt raus hier und Hände waschen, gemma.

Diese Sache macht mich gesprächsbedürftig. Aber typisch lacht der Lange nur, und Sedlacek ist in Fragen geschlechtlicher Identität ein suboptimaler Gesprächspartner. Mal abgesehen davon, dass Sedlacek tief im Herzen ein bisserl homophob ist. Nicht auf ideologischer Basis, sondern aufgrund einer strukturellen Inflexibilität; vermutlich anerzogen, auch Transsexuelle machen ihn unglaublich nervös. Höchste Zeit, mich mal wieder mit Lotte zu verabreden. Wir treffen uns im Kent, und da schau her: Die ist total entspannt, hat sich prima mit dem Baby eingelebt, und das Kind ist richtig herzig. Und auch das Stillen klappt prächtig, was mich kurz in einen weiteren Konflikt bringt, den ich Lotte erspare: Denn soll eine Wienerin in einem türkischen Lokal ihren Busen aus dem Leiberl holen, und sei es zu den lautersten Zwecken? Ist das Integration oder Überfall? Ich weiß ehrlich nicht, was ich richtig finden soll. Die Tatsache aber, dass Lottes Kind offenbar auf den Namen Frauscheffin getauft wurde, lässt keinen Zweifel über die Hegemonie in Lottes Haushalt aufkommen; Lotte hat allerdings die Illusion, das würde sich nach dem Abstillen oder so wieder ändern. Goldig.

Lotte jedenfalls lacht nicht wegen meinem Problem, grinst aber komisch. Wie hoch sind jetzt zum Beispiel deine aktuell höchsten Absätze?, fragt Lotte, und ich sag, was hat denn das jetzt damit zu tun, elf Zentimeter. Und als Kind wolltest du was werden?, sagt Lotte, und ich sag, tu jetzt bloß mal nicht so altklug, Schatzi. Nicht deppert werden, sagt Lotte, also was. Ein Bub, sag ich. Insofern, sagt Lotte, können wir jetzt auch wieder über wirklich wichtige Dinge reden, also was ist jetzt mit Mizzi und dem Dings. Und ich sag, ja, pudern tun sie, und na ja, du wirst es nicht glauben, aber.

Dem Kind hab ich dann Buben-Jeans gekauft, zwei Buben-Shirts und klobige Buben-Sandalen, jetzt ist es erst mal glücklich. Und ich werd es so lange bubenglücklich machen, bis es um ein rosa Kleidchen bettelt. Und das kriegt er dann auch, ja.

## Live aus Sibratsgfäll

Selbstverständlich wird Deppertsein gegen Kranke, Allergiker und Yogalehrer sofort bestraft: In meinem Fall wählte die Natur einen Hexenschuss, der mich schon letzte Woche in einem Bregenzerwälder Kuhstall ereilte. Ich füllte gerade Kübel voll Wasser, um damit, zwecks Erschleichung einer halben Stunde Ferien, ein Planschbecken zu füllen. Peng, aua, aua. Jetzt buckel ich wie Ozzy Osbourne in Babyschritten durch meinen Urlaub; es ist kein schöner Anblick.

Zur Ehrenrettung meiner Kinder muss ich übrigens sagen, dass der Fluch des letztjährigen Italienurlaubs nicht mehr wirkt: Im Unterschied zu bisher haben der Lange und ich diesmal Ferien, obwohl unsere Kinder Ferien haben. Es werden uns zum ersten Mal seit der Elternwerdung wiederkehrende Gelegenheiten zur Erholung zugestanden. Die Kinder bohren steile Bergwiesen hinauf, nerven den Nachbarbauern beim Melken und zeigen uns beim Wandern, was sie von den TV-Werbeblöcken gelernt haben, denn die vielen blau-weiß-roten Schöller-Sonnenschirme, welche die halbkilometerweit entfernte Almhütte da drüben beschatten, bedeuten, wie mich mein Kind informiert, Eis, Eis, Eis und dass sich der halbstündige Fußmarsch dort hinüber also auch für eine Dreijährige lohnt.

Sie spielen mit den Bauernkindern, spucken Käsknöpfle aus, singen in der Seilbahn, retten Schmetterlinge vorm Ersaufen, hoppeln Hasen nach und schaufeln einen Kanal, während ihre Mutter bis zu den Knien in der eisigen Subersach in Sibratsgfäll steht, ein Fohrenburger in der Rechten, die Linke schmerzkalmierend ins Kreuz gestemmt, um die Wirksam- und Sichtbarkeit des Hexenschusses zu kaschieren. Es ist ein bekannter Autor anwesend, man wäre gerne etwas dekorativ.

Nicht, was Sie denken, sondern aus einer angeborenen Gefallsucht heraus, man will halt knietief in einem reißenden Bachwasser möglichst keine schlechtere Figur machen als, sagen wir, während einer literarischen Veranstaltung in bebautem Gebiet. Schwierig, ohne High Heels und Hosen, nach fünf Tagen Regenwetter. Denn was macht man im Bregenzerwald, wenn es tagelang schüttet, man geht nicht laufen und isst mal bisschen Alpkäse und paar Käsknöpfle und etwas Hirschsalami und die Biowürschtl, die unser Vermieterbiobauer aus seinen Kühen metzget, dazu den einen oder anderen Subirer, ahi damit, proscht.

Ich wate durch dieses Wasser also ein wenig blasser und speckiger als sonst; und falls es der Autor noch nicht gemerkt hat, mein Kind informiert ihn gerne: Meine Mama ist eine alte Frau, sagt das Kind lustig. Der Lange grinst glücklich, der Autor verlegen, denn er ist zwar gut älter, aber noch lang nicht in jenem Stadium der Demenz, in dem er dereinst Weiber meines Alters für erfrischend und prächtig erhalten halten wird. Ich stottere, haha, das sagt sie wegen meinem Hexenschuss, haha, und dann tripple ich wie Ozzy rüber zu meiner Tochter und flüster ihr mal, wo das Eis herkommt. Und woher nicht, wenn ich so was noch mal höre.

# Lobet den Herrn

Lobet den Herrn, der gestern bei der Kinderärztin allein mit seinem kleinen Sohn im Wartezimmer saß, zwischen acht Müttern, die ihn misstrauisch beäugten: Wie merkt ein Vater, dass ein Arztbesuch notwendig ist? Wieso weiß er von Mutterkindpassuntersuchungen und Impfungen? Wie konnte er wissen, wo der Impf- und der Mutterkindpass liegen und dass etwas Derartiges überhaupt existiert? Lobet den Herrn.

Lobet den Herrn, der als einzige erwachsene Person nicht weiblichen Geschlechts am Spielplatz seine beiden Töchter beaufsichtigt. Und lobet den Herrn Horvath, den der Lange jeden Morgen im Kindergarten antrifft und ich jeden Nachmittag: Vater Horvath bringt und holt den kleinen Horvath, damit Mutter Horvath die einzige Kindergartenmutter sein darf, die nicht die geringste Ahnung hat, wo die Patschen ihres Sohnes wohnen. Denn die Horvath-Mutter heilt Kranke, während der Horvath-Vater Vater ist.

Lobet den Herrn, der mit Mutter Schwarz, die einen Sohn hat, noch einen Sohn hat und der mit beiden Söhnen zwei Wochen zum Zelteln nach Kärnten fuhr: Es war ihm egal, was seine Frau mit ihrer freien Zeit machte, es brauchte nicht zwingend was Vernünftiges sein, und das war es auch nicht; lobet den Herrn.

Lobet die alleinerziehenden Väter und jene, die statt der Mütter bei ihren Kindern zu Hause bleiben, sie in die

Schule bringen, für sie kochen und mit ihnen Hausaufgaben machen, und lobet jene, die in Karenz gehen. Und lobet auch die, die ihren Vatermonat tatsächlich mit ihrem Kind verbringen. Anders als David in Zürich, der sich in einem Mail bitter darüber beklagte, dass er gar keine Beziehung zu seinem nagelneuen Baby aufbauen könne, ständig hänge es an Natalie und Natalie an dem Baby, er komme an das Baby gar nicht ran. Ich glaube, dass es ihm nicht ums Baby geht, sondern dass er eifersüchtig ist auf die Natalie-Baby-Beziehung, aber Natalie hat dann offenbar gemeint, Davidli, nimm dir doch einen Vatermonat frei und kümmere dich mal ganz um die Kleine, rund um die Uhr, das macht eine schöne Vater-Kind-Beziehung, und ich kann mal wieder ein bisschen arbeiten. Das fand David spitze, und er nahm sich alsbald frei, aber leider ging sich dann nur eine Woche aus, denn als junger Unternehmer, wie David einer ist, kann man sein Geschäft nicht so lang unbeaufsichtigt lassen. Während der Vaterwoche nahm er das Baby vier Vormittage lang mit ins Büro und brachte es an den Nachmittagen zu seiner Mutter, und am fünften Tag ließ Natalie das Arbeiten wieder sein, damit David mal ein bisschen Sport machen konnte, denn wann hat ein Unternehmer dafür schon mal Zeit.

Lobet aber all jene Herren, die nicht David sind, sondern mit ihren Worten und Taten Zweifel in mir schüren, ob ich wirklich recht habe mit meinem Lamento, die Welt sei ein für Frauen ungerechter Ort und kein Mann habe Interesse, das zu ändern. Gelobt seien diese Herren: Sie sollen zahlreich die frohe Botschaft in die Welt säen, auf dass sie Früchte trage, danke.

# Mit mir kann mans ja machen

So fertig sind wir, dass wir den Kindern zu den Rädern, die wir ihnen im Frühling zum Geburtstag geschenkt haben, jetzt noch mal Räder kaufen. Denn wir wurden in den 1970er Jahren sozialisiert, glauben also an das Pedal und an die logische Trilogie Dreirad-Roller-Fahrrad, und falsch, heute sind keine Pedale ein Statussymbol. Der prestigebewusste Dreijährige von heute fährt ein Laufrad, das ist schneller und gefährlicher, und man ruiniert sich das Ansehen nicht mit peinlichen Babystützrädern. Zudem brach eins der geil billigen Räder vom Brunnenmarkt letzte Woche praktisch auseinander. Laufräder mussten also her, und wir sind nicht nur fertig, wir sind noch fertiger, wir kaufen nicht nur ein teures blaues Laufrad für das Bubenmädchen, wir legen noch was drauf, damit das Prinzessinnenmädchen in rosa Rad laufen kann, das kostet 15 Euro extra, aber mit so kaputtkorrumpierten Deppen wie uns kann mans ja machen.

Denn natürlich wissen heutzutage schon die Dreijährigen, dass sie vom schlechten Gewissen ihrer Eltern prima profitieren: Du gehst schon wieder aus? Krieg ich einen Lufy-Pyjama? Es heißt Goofy und: nein. Plärr. Nein. Plärr. Schatz, ich muss jetzt gehen, Susi ist bei euch. Plärr. Ich bin ja wieder da, wenn du morgen aufwachst. Heul und schluchz. Na gut, wenn du jetzt zum Schreien aufhörst … vielleicht gibt's morgen einen Goofy-Pyjama. Tschüs, Mama.

Wenn Sie jetzt glauben, ich sei eines dieser typischen Mütter-Monster, die ihre Kinder mit Geschenken überhäufen statt mit Zeit und Ansprache, dann falsch: Ich war am Wochenende nicht nur aus, ich hab auch unzählige Bücher vorgelesen, darunter ein paar richtig miese, ich weiß gar nicht, wo die Kinder den Schund immer herkriegen. Ich hab Lego-Garagen gebaut, gepuzzelt und gesungen. Ich ließ mir einen Brief an die Cousinen diktieren und verzierte ihn dilettantisch mit Stempeln, damit es so aussieht, als hätten es meine begabten Kinder gemacht, worauf meine Schwester sowieso nicht reinfällt. Und ich war am Dschungel-Fest im Muqua, mit den Breusses; infolge eines dieser typischen Sonntagvormittagstelefonate. Was macht ihr am Nachmittag? Wir gehen aufs Dschungel-Fest, da gibt's Kinderschminken und Tanzen und so Sachen, wird sicher nett. Nett, bist du fertig?, das wird furchtbar! Eh, aber den Kindern wirds taugen. Gut, wir sehen uns dort.

Wir tuns für die Kinder, wir lieben die Scheißer halt, wenn auch nicht so demonstrativ wie jene Väter und Mütter, die ihre Babys auch noch am Abend mit auf die Party nehmen, wo sie sie engagiert herzen und küssen und rumtragen, und inmitten der knietief wabernden Liebe übersieht man beinahe, wie dicht auch der Rauch wabert, dass es ein Uhr früh ist und dass ein DJ am Werk ist, der wie alle Djs dazu neigt, die Grenzen der Anlage auszutesten, wumm, wumm, wumm. Lauter Sachen, die meiner Ansicht nach für Erwachsene erfunden wurden: Wer sein Kind liebt, lässt es am Abend zu Hause. Im Bett. Es gibt nämlich Babysitter. Und Goofy-Pyjamas.

# Den Caterpillar bitte in Rosa

Gestern teilt mir mein Prinzessinnenkind mit, sie hätte auch gern so einen Schaufelbagger und dieses Werkzeugset wie ihre Schwester, aber bitte beides in Rosa. Tja. This one goes out to the Spielzeugindustrie: Es gähnt hier eine monströse Marktlücke. Denn die meisten modernen kleinen Mädchen sind emanzipiert genug, um keinen Unterschied zwischen Mädchen- und Bubenspielzeug zu machen; wenn möglich aber eben in ihrer Lieblingsfarbe.

Mir scheint, dass die Rosa-Neigung bei kleinen Mädchen in letzter Zeit extrem zugenommen hat, was erstens daran liegen mag, dass ich erst seit letzter Zeit kleine Mädchen habe. Zweitens an der Kleinemädchenbekleidungsindustrie, die keine Nachfrage unbeantwortet lässt. Drittens an Müttern wie mir: erfahrene Kampfemanzen, die gern in Uniformen aus Schwarz, Braun und Denim aus dem Haus gehen, weil sie sich in Mauve, Mint und Rosa schutzlos fühlen. Diese Frauen finden, Rosa sei keine Farbe für eine Erwachsene (und schon gar nicht für einen Erwachsenen, wenn ich das wieder mal anmerken darf), sondern ausschließlich was für kleine Mädchen, und kaum haben sie so eins, klatschen sie ihm ihre unterdrückten Sehnsüchte um die Ohren und panieren es in Rosa von oben bis unten.

Es sei denn, es wehrt sich dagegen, wie mein anderes Mädchen, das Rosa hasst und nicht mal eine rosa Unterhose akzeptiert. Weg weg weg. Weggg! Diese Tochter, 3, möchte, ich erwähnte das schon, ein Bub werden. Es bedurfte langer Gespräche, in denen ich tief in meinem verbalen Kampfemanzen-Repertoire wühlen musste, damit wir uns schließlich darauf einigen konnten, dass sie, wenn schon kein Bub, dann halt ein Bubenmädchen ist.

Mädchenbuben kenn ich übrigens keine. Vielmehr bemerke ich, dass die meisten kampfemanzipierten Bubenmütter in meinem Freundinnenkreis mir aus den dargelegten Gründen zwar mein rosa Mädchen neiden, aber ihre Buben erziehen sie unbeirrt zu Buben: Schon den Babys ziehen sie konsequent bubenfarbene Bubensachen an. Sie reagieren auf ihre brutalen Raufereien ungerührt bis stolz, denn man darf die natürliche Wildheit von Buben nie nicht unterdrücken, sonst drohen fatale entwicklungspsychologische Konsequenzen. Und läuft Söhnchen bei uns doch mal mit Tülltütü rum, werden sie unruhig: Sollten sie sich vielleicht über frühkindliche Homosexualität schlaumachen?

Kommt aber praktisch eh nie vor. Als meine Kinder ihre neuen Laufräder auf dem Spielplatz vorführten, schwoll sogleich der «Darf-ich-auch-mal»-Chor an, und ausnahmslos alle Buben stritten sich um des Bubenmädchens blaues Rad, während Prinzessin völlig unbehelligt auf ihrem rosa Radl über den Platz kurvte: Kein dreijähriger Bub würde seinen Popsch an einem rosa Sattel kontaminieren, um fortan in ewiger Schande zu leben. Puppenwagen im Spiderman-Design und Camouflage-Krönchen kann sich die Spielzeugindustrie also vorläufig sparen. So emanzipiert sind die modernen kleinen Buben leider nicht.

# Das ist ja nicht meine Lebensplanung

Wie ich gerade aus himmelblauem Filz einen warmen Wintermantel für einen drei Zentimeter langen Plastikesel nähte, ruft mich Sedlacek an und sagt, na, was machst du gerade? Ich berichte, dass ich gerade einen brutal vatikankritischen Kommentar mit einem subtilen, aber pfeifenden Seitenhieb auf die Regierung verfasse, und Sedlacek seufzt, nichts anderes hat er sich erwartet. So ist es nämlich, dass man seine Freunde belügen muss, damit die nicht merken, dass man zum Kunsthandwerk neigt, wenn keiner schaut. Zu meiner Verteidigung darf ich anführen, dass ich es nicht freiwillig tue, meine Tochter hat mich zu diesem Interessenstransfer gezwungen. Allerdings zeitigt das Ergebnis meiner Bemühungen alles andere als den beabsichtigten Kinderaugenglanz; das Kind plärrt, dass es so aber ganz und gar nicht gehe!, der Esel sehe ja gar nichts! dafür schaue der Schwanz heraus!, das müsse neu genäht werden. Mit mir kann mans ja machen.

Immerhin: Meine Mutter würde die Progression meiner ersten Sätze von «Wie ich gerade neue Drogen interessanter Provenienz ausprobierte ...» hin zu meinen jetzigen Freizeitaktivitäten extrem begrüßen, aber das erzähle ich ihr sicher nicht. Diese Genugtuung!, nein. Denn das ist ja sozusagen meiner Mutter Lebensplanung, nicht meine; so wie das Mütterrudel und ich jüngst die kurzfristige Lebensplanung unserer Kinder mit Hilfe des Leih-Nikolauses in eine für uns kommodere Richtung zu korrigieren suchten. Ich glaube, man nennt das Outsourcen.

Und Lebensplanung ist bekanntlich eine diffizile Sache, im Kleinen wie im Großen. Mutter Fritz erzählte bei der Nikolausparty, dass sie eigentlich bald ein zweites Kind will, sich derzeit aber konsequent allen schwangerschaftsförderlichen Aktivitäten verweigert, denn wenn sie jetzt schwanger werde, verpasse sie möglicherweise im Kreißsaal das Robbie-Williams-Konzert, das sei ein zu großes Risiko. Man müsse im Leben Prioritäten setzen.

Auch ich denke über ein weiteres Kind nach, und zwar, wie ich eins kriegen könnte, ohne wieder schwanger sein zu müssen und ohne dass der Lange es merkt, der kürzlich formulierte, dass zwei Kinder super und mehr als genug sind und dass er auf keinen Fall, UNTER KEINEN UMSTÄNDEN noch eins will, nur über seine Leiche kommt ihm noch ein Kind ins Haus, beziehungsweise kann noch ein Kind in seinem Bett schlafen, weil er wird dann hier nicht mehr wohnen. Ich weiß nicht, ob ich das so verstehen soll, dass der Lange möglicherweise kein weiteres Kind mehr will.

Aber vielleicht meint er es gar nicht so. Denn von allen mir bekannten Familien kam die Vermehrung in etwa 1,2 Prozent der Fälle auf ausdrücklichen Wunsch der Männer zustande, dennoch wurden aus etwa 98 Prozent dieser Männer glückliche und engagierte Väter. Was sie nicht wären, wenn sie darauf bestanden hätten, ihr Leben selbst in die Hand zu nehmen. Insofern bewährt sich das Outsourcen von Lebensplanung gar nicht schlecht.

# Trottel sagt man nicht

Gratulieren Sie dem Langen, er hat jetzt schon drei Wochen nichts geraucht. Gratulieren Sie mir, ich war die ganzen drei Wochen an seiner Seite. Was etwas heißt, auch wenn der Lange behauptet, es hieße nichts, denn er habe, als ich einst mit dem Rauchen aufhörte, volle zehn Stunden mit mir in einer Wohnung verbracht. Das seien die furchtbarsten zehn Stunden seines Lebens gewesen; was ich für eine maximale Übertreibung halte.

So schlimm kann es erstens nicht gewesen sein, zweitens durfte der Lange nach den furchtbarsten zehn Stunden in ein Flugzeug nach Wien steigen und mich meinem Elend überlassen, denn damals lebte ich in Zürich. Zudem behauptet der Lange, meine Kohlsuppendiät habe einen wesentlich negativeren Effekt auf meine Laune als der Nikotinentzug auf seine. Auch das stimmt nicht, mir geht's tipptopp, ehrlich, dennoch würden Ihnen die Horvaths raten, uns derzeit lieber nicht gemeinsam einzuladen. Was ich ihnen nicht verüble, nach diesem kleinen Eklat an ihrem Esstisch.

Bei welchem sich, nebenbei, eine weitere Schattenseite der Mutterschaft manifestierte. Denn was tut eine Frau mit Selbstachtung, wenn der nikotinentzugsgezeichnete Lebensgefährte sie im Beisein anderer Leute eine hysterische Ziege nennt? Sie packt ihren Krimskrams zusammen und tschüs. Allerdings gehören zu meinem Krimskrams jetzt auch zwei Kleinkinder, die in besagtem Moment friedlich im Horvath'schen Kinderzimmer spielen und auf das Zusammengepacktwerden eher ungehalten reagieren würden. Die Situation ist quasi ausweglos; die Summe der würdevollen Reaktionsoptionen annähernd null. Aus lauter Wut (es ging um die elementare Frage, ob Carol King den Winnie-Pu-Soundtrack gemacht hat oder diese andere, deren Namen mir jetzt nicht einfällt, und der Lange, der es aus Gründen der Kontinuität gewohnt ist, in poprelevanten Fragen immer recht zu behalten, insistiert auf Carol King, aber diesmal hab ich recht, ich ich ich, und ich will, dass der Lange einen angemessenen Wetteinsatz nennt, und das tut er einfach nicht, wenngleich er auf seinem Irrtum beharrt, und ich weiß, dass es hundertprozentig nicht Carol King ist, sondern diese andere, die auch den Soundtrack zu diesem andern Film gemacht hat, wie hieß denn dieser Film noch mal, mit den zwei Frauen, Sigourney Weaver und, äh, die blonde, die jetzt so aufgespritzt ist), aus lauter Wut also über dieses miese Manöver (denn die hysterische Ziege sollte ja nur von seinem Irrtum ablenken, weil er mir meinen Triumph nicht gönnt) werde ich dann wohl ein bisschen laut, und, na ja, hysterisch.

Was nicht ohne Wirkung auf die Kinder bleibt. Denn an der faszinierenden Dezibelerhöhung in der Horvath'schen Wohnküche wollen sie natürlich teilhaben. Und meine letzte Eruption ist noch nicht verebbt, da geht's auch schon los mit dem Zwillings-Chor: Mama, man sagt nicht Scheiße, Mama, man sagt nicht Trottel, Mama, dürfen wir auch verflucht sagen und Idiot? Nein nein nein und nein!, und seit wann muss ich mich eigentlich von Menschen kreuzverhören lassen, die grad mal einen Meter hoch sind? Und die Sängerin hieß

Carly Simon. Car!Ly!Si!Mon! Und dieser Film, das war «Working Girls». Ich hatte nämlich recht recht recht, gratulieren wenigstens Sie mir.

# Wir Durchschnittsversagerinnen

Vielleicht reg ich mich ja schon wieder übertrieben auf. Immer diese Beschwerden ... Ich bin verunsichert, seit ich im «SZ-Magazin» ein Porträt von Ursula von der Leyen gelesen habe, der deutschen Familienministerin, die auch Zwillinge hat. Plus fünf weitere Kinder; plus ein abgeschlossenes Wirtschafts- und ein ebensolches Medizinstudium. Die Geschichte handelte vor allem davon, wie die sich, nebem dem Schupfen von den sieben Kindern, ein paar Viechern und einem Ministerium, auch noch ununterbrochen rechtfertigen muss, warum ihr das problemlos gelingt. Und warum praktisch alle deutschen Frauen sie hassen. Der Artikel gibt auch gleich eine Antwort, wenn er eine Familienforscherin zitiert, die meint: «Wir können uns eher mit Frauen identifizieren, die fürchterlich im Stress sind, weil sie mit dem Job, dem Mann und den zwei Kindern zu kämpfen haben.»

Die repräsentier nun sozusagen ich, mit permantem Gestöhne und endlosen Beschwerden über die Dysfunktionalität dieser miesen Gesellschaft, der die Vereinbarkeit von Kind und Beruf völlig powidl undsoweiter. Frau Minister von der Leyen jetzt, die jammert nicht, sondern geht her und nimmt diesen Job an und versucht, was zu ändern, und hat dabei immer gute Laune. Und wundert sich natürlich, dass ihre Sympathiewerte trotzdem nicht ins Astronomische explodieren: Macht sie denn nicht alles richtig? Hat sie nicht prima Ideen? Und zeigt sie nicht, dass die Vereinbarkeit von Kindern und Beruf mit etwas Organisation und Unterstützung möglich ist? Macht sie, hat sie, tut sie: Rechter als von der Leyen kann eine Politikerin derzeit kaum haben, konsequenter kaum handeln, denn ihre Familienpolitik treibt die Mütter zurück ins Erwerbsleben, wo sie hingehören.

Trotzdem hat man von der Leyen in Deutschland nicht lieb, und der Grund liegt auf der Hand: Ein bisschen Gestöhne, ein bisschen Ich-kann-nicht-mehr, ein ganz klein wenig Überforderung, würde der Frau von der Leyen vielleicht nützen. Nicht immer so brutal perfekt sein. Denn wie Supermutter-Ministerin das alles so problemlos und immer mit einem Lächeln schafft, das macht uns Eins-, Zwei- oder Dreikindmütter im Stress natürlich zu ziemlichen Versagerinnen. Und das hat niemand gern. Kein Mensch kriegt die eigene Unzulänglichkeit, das eigene Unvermögen gern derart drastisch vorgeführt. Denn so locker wie die würden wir das ja auch gern hinkriegen, so wie die würden wir irgendwie auch sein wollen. Jetzt mal abgesehen von der Frisur.

# Das ist aber ein dickes Schwert

Dieses blöde Cinderella-Buch schon wieder. Verfolgt mich wie Wimmerl, das Ding. Ich verstecks, es taucht wieder auf. Wenn ich's jetzt wegschmeiß, dann fragen die Kinder garantiert heute Abend danach; so sicher, wie sie Fieber kriegen, wenn ich einen wichtigen Job ausgemacht habe und der Lange verreist ist. Plus, ich habe die folgenreichen Worte gesprochen: Nein, du darfst nicht fernsehen. Das Kind: Aber mir ist SOOOO langweilig. Ich: Ich les dir was vor. Das Kind: Na gut, das da.

Das blöde Cinderella-Buch natürlich. Ich: Das ist doch blöd, und ich hab es dir doch gestern schon dreimal vorgelesen, du hast doch viel lustigere Bücher. Das Kind: Buhuhu! Ich: Vor langer Zeit in einem fernen Land lebte die arme Cinderella undsoweiter; blöde Stiefmutter, blöde Schwestern, blöder Prinz, der ganze blöde Mist. Aber dann, auf Seite 17, sagt das Kind plötzlich: Schau mal, der Prinz hat aber ein dickes Schwert. Und heiliger Dingdong, jetzt fällt's mir auch auf: Der Prinz hat aber ein SEHR dickes Schwert. Dieses Schwert hat am Prinzenende einen fetten runden Knauf, von dem aus es nicht konisch auf eine Spitze zuläuft, wie man das von einem Schwert eigentlich erwarten darf, nein du, dieses Schwert ist leicht nach oben gekrümmt und hat am Ende ein Giebelchen mit gerundeten Ecken, und so was hab ich an Prinzen und anderen Männern schon gesehen, aber zum Glück nannten sie es nicht Schwert. Der Disney, die alte Sau. Ich: Ja, das ist halt ein wichtiger Prinz, deswegen hat er so ein großes Schwert. Für diese Sorte von Metaphorikdiskurs ist das Kind definitiv noch nicht alt genug.

Immerhin hab ich jetzt was zu reden, bei unserem nächsten Jour fixe im Dschungel. Den man sich so vorstellen muss: Fünf bis sieben Mütter an einem müllhaldenförmigen Tisch, wo sie zwischen zergatschtem Schokokuchen, zerbröselten Hummerchips und Kakaopfützen nach ihren Gläsern tasten und periodisch aufspringen, um ihr Kind von einem der anderen acht bis zwölf Kinder herunterzupflücken, die in einem brüllenden Knäuel zwischen anderen müllhaldenförmigen Tischen herumrollen, an denen andere Mütter verzweifelt nach ihren Gläsern greifen. (Das Personal dort übrigens: wunderbar, von biblischer Gelassenheit.) Es ist alles so herrlich, wie sie es sich gerade ausmalen, deshalb sind die verallgemeinerten Mütter tatsächlich zu 95 Prozent Mütter. Väter stehen so was nicht durch, muss am Chromosom liegen: Die packen es gerade noch, auf dem Heimweg ihres durch unverschiebbare Termine überraschend verlängerten Arbeitstages reinzuschauen und ihre Brut einzupacken, während sie ein Bier runterschütten, Horror im Blick.

Dafür war der Lange letzten Sonntag mit den Kindern im Theater, was ihn auch glücklich machte. Die SMSe, die nur so auf mein Handy spritzten, enthielten diverse Begriffe, die sich zur Veröffentlichung nicht eignen. Der Lange: ☠☠☠☠!!!!! Ich: willkommen in meiner Welt, Schatzi.

# Sag Entschuldigung

Als ich noch keine eigenen Kinder hatte, als ich Kinder von Freundinnen mit dem gleichen sorgfältig kaschierten Desinteresse zur Kenntnis nahm, mit dem Manu meine Kinder zur Kenntnis nimmt, dachte ich immer ungefähr: Kinder kommen auf die Welt, sind Babys, dann Babys, dann immer noch Babys, können mit einem Jahr krabbeln und auf Designerblusen spucken, mit zwei Jahren Regale ausräumen und CDs zerstören, mit drei auf zwei Beinen dahintapsen und penibel gestapelte Unterlagen von Tischen fegen und ungefähr mit vier oder fünf, so vermutete ich damals, lernen Kinder allmählich einzelne Worte sprechen, die einen Sinn ergeben, wenn sie ungefähr sieben sind.

Jetzt sind die Mimis etwa vier, und wir sprechen über das Weltall und was man alles können sollte, wenn man Astronaut werden will. Sie wollen wissen, was der Unterschied zwischen Bakterien und Keimen ist. Sie wollen wissen, woraus man ein Auto baut, wie Fleisch entsteht, was «Rakete» auf Englisch heißt und ob «Raumschiff» mit einem R anfängt. Sie können die «Kleine Nachtmusik» jodeln und «Autobahn» von Kraftwerk. Ich soll ihnen sagen, was nach dem Tod kommt, warum man alt werden muss, wo der Opa Sepp jetzt ist und was sie sich unter «Himmel» vorzustellen haben. Ich soll ihnen versprechen, dass sie nie alt werden und nie sterben und die Oma Herta und die Oma Helene und der Opa Kurt auch nicht.

Sie erklären Mutter Hotinger, ihre Terrasse wär ziemlich schmutzig, ob sie das bitte schnell mal ein bisschen putzen könnte. Sie wissen, dass nicht die Hunde an dem Gacki auf der Straße schuld sind, sondern ihre Besitzer, die das nicht wegmachen. Wers wissen will, kriegt von ihnen erklärt, dass man nicht so oft Pommes essen soll, weil man sonst irgendwann nicht mehr durch die Tür passt. Sie wollen wissen, ob Mangoeis gesund ist. Aber Mango schon? Warum? Sie wissen, dass man im Winter keine Erdbeeren kauft. Sie glauben an kleine unsichtbare Drachen.

Die Antworten auf die Frage, was sie sich mit dem Ersparten aus ihrem Sparschwein kaufen wollen, lauten «Powerranger» und «Stöckelschuhe». Hab ich brav geesst?, fragen sie beim Abendessen, und eine positive Antwort ist in unserem Haushalt – dafür haben sie gesorgt – so viel wert wie eine schriftliche Nachtischgarantie. Sie entschuldigen sich ständig, was mir ein schlechtes Gewissen macht: Sollten sich vierjährige Kinder wirklich schon entschuldigen? Und so oft? Setze ich sie zu stark unter Druck? Gebe ich ihnen das Gefühl, ständig etwas falsch zu machen? Aber einmal, als das eine Kind gerade berechtigten Tadel empfing, hörte ich, wie das andere Kind ihm zuflüsterte, sag Entschuldigung, dann gibt sie Ruhe. Sie suchen sich ihre Kleidung selber aus. Sie können Kopfstand und in der Badewanne tauchen. Die eine wünscht sich zum Geburtstag ein Barbiehaus, die andere will jetzt schon ihr halbes Leben lang ein Bub sein, und sie hat uns und alle ihre Freunde längst dazu gebracht, das zu respektieren, und das Glitzerarmband, das ihr kürzlich eine Bekannte schenkte, gab sie zurück, weil danke, aber das ist für Mädchen. Während die andere eine merkwürdige Affinität hat für Bücher, für die sie viel zu klein ist, sie trägt Stanislav Lem und Rainald Goetz und das «Swissair»-Buch mit sich rum und lässt sich das nicht wegnehmen. Sture Kinder. Meine Kinder.

# Dann krieg doch einfach keins

Ins Restaurant kommen wir so gut wie nie. Also mit den Kindern. Zuletzt haben wirs versucht, das muss über ein Jahr her sein. Sie rannten durchs Lokal, bliesen alle Kerzen aus, schütteten Orangensaft quer übers weiße Tischtuch und beschimpften ihre Pasta: Was ist das grausliche Grüne da? Die Kellner waren unglaublich nett. Der Lange und ich genierten uns Löcher in die Oberschenkel. Danach haben wir die Kinder nie wieder abends mit in ein Restaurant mit Tischtüchern genommen. Früher, da haben der Lange und ich ständig auswärts gegessen. Jetzt essen wir zu Hause.

Einige unserer Bekannten sind der Meinung, das Leben müsse auch mit Kindern genauso weitergehen wie vorher. Sie finden, dass es notwendig sei, die Gesellschaft an den eigenen Kindern in all ihren Facetten teilhaben zu lassen und die Kinder an allen Facetten der Gesellschaft. Ich bin auch der Meinung, dass die Gesellschaft familienfeindlich ist und dass die Präsenz von Kindern in vielen sozialen Bereichen selbstverständlich werden muss. Aber an manchen Orten und zu gewissen Zeiten haben Kinder einfach nichts verloren. Einjährige gehören nicht ins Open-Air-Konzert. Zweijährige nicht nach zwanzig Uhr ins gediegene Restaurant. Dreijährige nicht in Filme ab sechs, und Vierjährigen tut ein abendlicher Plausch in lauten, verrauchten Nachtclubs nicht wohl.

Kinder an solche Orte mitzunehmen, bedeutet nicht die Schaffung familienfreundlicherer Normalitäten: Es ist eine Zumutung. Erstens, zweitens, drittens für die Kinder. Viertens werden Kinder, die Situationen ausgesetzt werden, die sie überfordern, sehr schnell – sie können gar nicht anders – eine Zumutung für die Umgebung. Auch für ihre Eltern, die das natürlich nicht zugeben wollen. Was ich mich manchmal frage: Warum bekommen Leute Kinder, wenn es ihr Leben nicht verändern soll? Denn bei allem, was du vorher übers Kinderhaben nicht weißt und nicht wissen kannst, eins müsste dir doch, wenn du eine Elternwerdung erwägst, klar sein: So geht's garantiert nicht weiter. So kanns nicht bleiben, und eigentlich: Soll's ja auch nicht, denn wenn dir das Kind nicht ungewollt passiert ist (und wenn du, seien wir großzügig, im Alter von über 25 von einer Schwangerschaft überrascht wirst, hast du ein massives Realititätstauglichkeitsproblem, denn was rauskommt, wenn Bumbum ohne Schutz, das weißt du doch schon, seit du elf bist), wenn du ein Kind also nicht verhinderst, wenn du es akzeptierst: Dann hast du dafür ja einen Grund. Irgendwas fehlt dir noch. Das kann doch noch nicht alles gewesen sein. Du willst noch was anderes. Du willst Überraschung, du willst Perspektivenänderung, du willst eine Verantwortung, die über dieses Portfolio und jenes Projekt hinausgeht. Du willst ein anderes Leben.

Wenn du aber kein anderes Leben willst, dein Leben gar nicht ändern willst, wenn dein Leben dir gefällt, genauso wie es ist, wenn dir nichts fehlt und du gerne deine Ruhe hast und sechsmal die Woche bis Mitternacht in einem Restaurant mit Tischtüchern und Kerzen dinieren willst: Dann krieg doch einfach kein Kind. Bleib allein oder zu zweien. Leb weiter, wie es dir gefällt. Krieg keins! Das ist das Beste für alle.

# Neues vom Kulturtechniksektor

Meine Verwinterung schreitet fort. Weil Sonntag ist, habe ich mit den Kindern Kekse gebacken (harte Sache, immer noch, und das bezieht sich nicht auf die Kekse). Rindfleisch in Rotwein und Knoblauch geschmort, für Montag, wenn die Horwaths und die Breusses nach dem Kindergarten kommen, dazu, thanks to Nathalie Pernstichs «Schummelküche»-Kochbuch, eine pipifeine Angeber-Hühnerleber-Paté, nur so als Vorspeise. Genauer: Nur so, mit etwas Weißbrot, als Nachmittagshappen zu den selbst eingelegten Balkontomaten, für die zwei Stunden, in denen die Eltern sich fürs richtige Essen warmmachen, während die Kinder … Ich möchte noch gar nicht daran denken, was die Kinder wieder vorzeigen werden. Der Breuss-Bub geht gerade durch eine ziemlich monomanische Epoche, eins meiner Kinder regrediert bei jedem Widerstand zum Schluchz-Baby: Die Werdarfwas- und Wermitwem- und WeristderBestimmer-Aggressionen bergen für das Publikum ein ähnliches Begeisterungspotenzial wie die Koalitionsverhandlungen. Das ist es, was mit Speisen und Getränken so gut wie möglich abgefedert werden muss: Gings auch ein bisschen leiser, Kinder, wir essen gerade. Wenn ihr dann die Tür zumachen könntet … danke.

Fürs sonntägliche Familienessen bastle ich dann noch ein paar Ravioli mit Kürbisfülle, und ich gebe zu, dass ich trotz bester Vorsätze nicht mehr die Nerven habe, die Kinder am Nudelproduktionsprozess teilhaben zu lassen, obwohl es für den Respekt vorm Nahrungsmittel verrückt wichtig wäre. (Hätten sie es selbst gemacht, hätten sie es vielleicht auch gegessen. So: Wää, mag ich nicht.) Stattdessen sitzen sie vor dem versprochenen Jim-Knopf-Video, Version Augsburger Puppenkiste, und das ist diese Woche ihr einziger Bildschirm-Konsum. Denn wir haben mit dem Kinderfernsehen aufgehört: ganz aufgehört, bis auf einen Film am Wochenende, und damit prahle ich noch lieber herum als mit so nebenbei hingeschlenzten Hühnerleberpatés. Ach, so ein Patéchen, das macht sich doch wie von selbst, aber Kinder dem Fernsehen zu entfremden, das ist Brutalität und Elternverschleiß: Brettspiele, Kartenspiele, Teigschlachten, Vorlesen; alte Kulturtechniken aus dem prämassenmedialen Zeitalter. Funktionieren aber.

Aber, Moment: Einen Ausreißer gab es, denn Oma war aus der Provinz da, also blieben die Kinder zur Erbauung derselben dem Kindergarten fern, die arme Frau sieht die Kinder ja so selten. Mutter ging, während die Kinder glücklich mit Oma spielten und eine Märchenkassette hörten, zur Arbeit, oder jedenfalls bis runter zu ihrem Rad, wo ihr einfiel, was sie vergessen hatte, also wieder hoch, und ungeachtet der Tatsache, dass inzwischen nur drei Minuten vergangen waren, glotzten die Kinder bereits wie eine besonders dumme Tierart in den Kinderkanal. Oma klappte gerade das Bügelbrett auf. Oma schätzt die Innovationen am Kulturtechniksektor nämlich sehr.

# Haus des Schreckens

Eines der Probleme, die aus dem totalen Kinder-TV-Verzicht resultieren: Man kann den Kindern nicht mehr mit Fernsehverbot winken, wenn. Oder wenn nicht. Die Erpressung mit drohendem Privilegien-Entzug muss also substituiert werden, und mit was, mit Belohnung für wenn nicht. Oder für wenn.

Zum Beispiel könnte ein Mimi Gefallen am Rülpsen finden, und weil eine rülpsende Vierjährige im Moment putzig und überhaupt nicht wie eine Person wirkt, die das Rülpsen, kaum dass sie es perfekt beherrscht, zu einer Vollbeschäftigung macht, wird ihr von ihrer dummen Mutter beigebracht, wie sich die Sache mit ein bisschen Luftgeschlucke optimieren lässt. Natürlich bereue ich das in der Minute. Seit ich Kinder habe, bereue ich ständig, zum Beispiel, dass ich ihnen das Sprechen beigebracht habe. Jedenfalls rülpst das Kind dann den ganzen Tag, obwohl es selbst weiß, dass das umhöflich ist; dass das umhöflich ist, hat es im Kindergarten gelernt, aber es hat auch schon gelernt, dass die Regeln, die im Kindergarten gelten, nicht zwingend auch zu Hause gelten müssen. Es rülpst also und rülpst in einer Frequenz, die selbst Eltern überfordert, die in ihrem früheren Leben einer Religion anhingen, in der es als normal galt, periodisch auf Bürgersteige zu schlatzen, andere Menschen rituell mit Bier zu begießen oder sich während eines Gespräches, wenn es die Situation erforderte, mal kurz über die Schulter zu übergeben. Und da ich dem Kind nicht mehr mit Fernsehverbot drohen kann und es die alternativ angebotenen schweren Prügel mit perlendem Gelächter quittiert, muss ich ihm etwas bieten, und ich biete als Rülpsersatz einen dieser seit Wochen geforderten Riesenluftballons vom Christkindlmarkt, so einen wie letztes und vorletztes Jahr, und der Vorschlag wird, nachdem sich das andere Mimi schnell eine belohnungsabhängig revidierbare Unart zugelegt hat, von beiden Kindern akzeptiert.

Wir kaufen also am Christkindlmarkt einen riesigen Tyrannosaurus Rex mit merkwürdig verdrehtem Kopf und einen riesigen Glitzer-Pegasus um insgesamt 24 Euro, vielen Dank. Es gelingt uns, die Trümmer unbeschädigt durch Bim-, Aufzug- und Wohnungstüren zu bringen, worauf sich die Kinder noch genau eine halbe Stunde dafür interessieren, worauf die Viecher tage- und wochenlang an irgendeiner Decke picken und mich erschrecken, wenn ich in der Nacht aufs Klo muss, worauf so langsam das Helium entweicht: Dann sinken sie und fangen an, mich zu verfolgen, schweben immer so herum, tauchen ständig von selbst wo auf, sind plötzlich neben einem oder lauern hinter ahnungslos geöffneten Türen. Es ist gruselig. Seit ich Kinder habe, die selbständig Riesenluftballons erpressen können, ist mir der Advent eine Schreckenszeit. Wann immer ich mich umdrehe, ist einer hinter mir, starrt mich aus Glitzeraugen an und flüstert: Sssselber schuld, hättesssst ihnen halt nie das Sssssprechen beibringen ssssollen. Und das Rülpsssen.

# Wie man Eltern glücklich macht

Also heuer hab ich mir gedacht, machen wir doch Weihnachten einmal meine alten Eltern glücklich. Obwohl's enorm uralte Eltern sind, von der Sorte energetischer Pensionisten, die selbst für das Adjektiv «rüstig» zu übermütig sind, pro Tag dreißig Kilometer wegradeln, im Durchschnitt, bei der Schwester am Bau mithelfen und nebenbei noch die Buchhaltung vom kleinen Bruder erledigen. Trotzdem: Die Natur hat es so eingerichtet, dass am Heiligabend Eltern ihre Kinder und Großeltern ihre Enkel um sich scharen wollen, im Elektrokerzenschein, das ist Glück, oder. Also hab ich mir heuer gedacht, machen wir doch einmal meine alten Eltern glücklich, fahren wir doch einmal drei Tage früher raus, verbringen wir doch einmal den Heiligabend bei ihnen, das erste Mal seit ewig. Und sonst sind die am Heiligabend ja immer allein.

Wie ich das dem Langen mitteile, machen seine Mundwinkel naturgemäß keinen Hopser, was nicht am Verhältnis des Langen zu seinen Schwiegereltern liegt, sondern am Verhältnis des Langen zu Humanoiden aller Art. Je weniger davon um ihn sind, desto besser; am allerbesten, sie nehmen Kontakt zu ihm nur durch distantes Musizieren auf oder durch das Verfassen von Zeitungen und Literatur. Aber auch der Lange kann sich's nicht aussuchen, der Lange also: Hmm, wenn du meinst. Und, ja: Ich meine. Ich meine, das ist eine ausgezeichnete und ungemein erwachsene Idee, und der Lange sagt, na dann, und pronto erzähl ich's den Kindern: Kinder! Weihnachten heuer bei Oma und Opa! Die Kinder: Wieso?! Ich: Ja, freut ihr euch denn nicht? Oma und Opa werden ganz glücklich sein! Die Kinder: Und die Geschenke? Ich: Bringt das Christkind zu Oma und Opa! Die Kinder: Und der Baum? Ich: Brauchen wir nicht, Oma und Opa haben eh einen riesigen, glitzernden und alles, und den Mimis spritzen die Tränen waagrecht aus den Augen. Sie schluchz wollen schluchz nicht schluchz zu Oma und schluchz Opa, sie wollen schluchz einen schluchz Baum und daheim und buhuhu. Ich putz den kleinen Scheißern die Nase und zähle 35 Gründe auf, warum Weihnachten bei Oma und Opa grad so gut ist wie zu Hause, ach: besser, aber erst als ich anbiete, dass wir von. mir. aus. halt auch für Wien noch einen kleinen Baum besorgen, lassen sich die Gfraster überreden. Phhh.

Ras ich also endlich zum Telefon und wähle meine Mutter an und rufe, Mutter! Horch zu! Wir feiern Weihnachten heuer bei euch! Was! Sagst! Du! Und Mutter sagt: Hmm, äh, hmmmm, tja, hmm, schön, ph, da muss man sich dann hm halt noch überlegen, wie man das äh organisiert, aber tja, hm, also, äh, super. Zwei Minuten später nehm ich meine Pläne zurück und mache fünf Menschen glücklich, darunter zwei uralte Eltern, die, Tatsache, am Heiligabend richtig gern für sich sind, bevor der Sturm am übernächsten Tag dann sowieso über sie hereinbricht. Also wir; so billig kann Glück sein.

# Da geht noch was

Das Abwasser steht, schlimm genug, und es steht, wo es nicht stehen sollte. Das Küchenabwasser steht in der Badewanne, und was sehen wir: Gestern gab es Coq au Vin mit tüchtig Petersilie, dazu Reis und grünen Salat. War gut, nur ziehe ich es vor, die Reste davon nicht in der Badewanne wiederzusehen, was ich dem Installateur am Telefon erkläre. Ich erkläre ihm nicht, noch nicht, dass ich nicht beabsichtige, die Rechnung für die Abflussreinigung vom Juli zu zahlen, ja, dass ich es ziemlich gewagt von ihm finde, diese Rechnung für die letzte Abflussreinigung überhaupt zu schicken. Aber der Installateur ist ein mutiger Mann, das konnte man schon letztes Mal an seinen kecken, neuen Strähnchen sehen, sehr hübsch an einem Kerl, der wie ein Viva-Moderator aussieht, aber der Installateur sieht aus wie Elmar Oberhauser.

Die letzte Abflussreinigung, für die der Installateur sich anschließend erlaubte, Euro 259,20 in Rechnung zu stellen (Abwasserleitung mit Motorfeder gereinigt, Verstopfung dadurch behoben, Siphone bei Abwäsche, Badewanne und Waschtisch zerlegt, gereinigt und wieder zusammengebaut), hatte zur Folge, dass der Siphon (Dichtheits- und Funktionskontrolle durchgeführt) weiter tropfte, was allerdings zugegebenermaßen nicht der Grund dafür war, dass den Nachbarn unter uns wenig später zum dritten Mal in zwei Jahren unser Abwaschwasser hektoliterweise aus dem Kronleuchter regnete, tut uns wirklich leid, wir können ehrlich nichts dafür, wir leiden ja auch. Denn im Gegenzug wurden uns auf der Suche nach dem von der Rohrreinigung zerstörten Rohr Teile der Küche rausgerissen, so wie letztes Mal Teile vom Bad.

Die Installateursmahnung mit den Worten «Es dürfte Ihrer geschätzten Aufmerksamkeit entgangen sein, dass die Rechnung Nr. sowieso in Höhe von 259,20 fällig ist» undsoweiter mit freundlichen Grüßen, kongruierte nun sehr genau mit jenem Zeitpunkt, an dem der gereinigte Abfluss bereits wieder so verstopft war wie der Matzleinsdorfer Gürtel an einem Montag um halb acht. Nichts geht mehr, sage ich. Er kommt gegen 14.30 Uhr, sagt der Installateur. Gut, sage ich und mache mir schon einmal Sorgen um die hübschen neuen Badezimmerfliesen, hinter denen ich die Matzleinsdorfergürtelverstopfung vermute. Das wird dann brutal. Das wird wieder zu unschönen Kontobewegungen führen.

Dabei hätte die Erinnerung an das Abendessen so schön sein können, denn die Kinder haben es gegessen. Beide Kinder. Keins hat gemeckert. Gut, es war ein billig, da ohne Einsatz von Gemüse erkämpfter Sieg, aber ein Sieg war es. Selbstverständlich behaupte ich über meine Kinder, was alle anderen Eltern über ihre Kinder behaupten, dass diese alles mit der gleichen Begeisterung essen, Kohlrabi, Dinkel-Müsli, rohe Austern, alles super, unsere Kinder sind ja so neugierig, weißt du. Selbstverständlich ist das von hinten bis vorne gelogen; aber das mit dem Coq au Vin stimmt.

# Das stand aber nicht im Rider

In Wirklichkeit essen unsere Kinder nämlich nichts. Was viel ist, verglichen mit den anderen Kindern, die gar nichts essen. Von all den Kindern, die ihren Eltern zufolge beim Essen total unkompliziert sind und eigentlich alles essen, kenne ich keines, das angesichts eines vollen Tellers nicht so lange meckert, bis sich darauf nur noch Pommes, Würstel, Pizza oder Nudeln mit nichts befinden. Mit nichts, hab ich gesagt! Weg die grausige Soße! Mein ganzes Elternleben lang hab ich noch kein Kind gesehen, das ein von den Eltern ohne Rücksicht auf die vertraglich fixierten Cateringvorlieben collagiertes Menü widerstandslos isst, außer es wurde zuvor mit schweren Drohungen eingedeckt, die Weihnachten und alle Geburtstage bis zur Volljährigkeit einschlossen. Und nie im Leben sah ich ein Kind vor einem vollen Teller sitzen, ohne umgehend mit dem Gemüsemanagement zu beginnen: Wenn ich statt dem Lauch, den Karotten und den Brokkoli Pommes kriege, bin ich bereit, ein kleines Weah zu probieren; aber mit viel Ketchup, um das Weah vorher darin zu ersäufen. Kein Kind, das ich kenne, unterwirft sich freiwillig dem programmatischen Diktat vernünftiger Ernährung.

Letzte Woche verschmähten meine Kinder sogar die vom Horwath auf ihren ausdrücklichen Wunsch hin zubereiteten Fleischlaberl mit Püree, und ich log dem Horwath vor, dass mir der Grund dafür völlig schleierhaft sei, wo sie jetzt sonst alles, wirklich alles essen, du kannst dir gar nicht vorstellen, was die in den Ferien bei der Oma weggehabert haben, ein Wahnsinn, und der Horwath tat so, als bemerkte er meine spöroten Lügnerbacken nicht. Aber das muss er auch, denn nächste Woche essen sie bei uns, und dann wird der Horwath total überrascht sein, warum sein Bub würgend die bestellte, selbstgemachte Tomatensoße ablehnen wird, das ist doch sonst seine Lieblingsspeise, ich kann das gar nicht verstehen.

Aber es stimmt, dass meine Kinder in den Ferien gegessen haben wie ausgehungert. Und zwar deshalb, weil im Rentenplan meiner Mutter nicht viel dagegen spricht, Kindern Nutella aufs Frühstücksbrot, zu den Mittagspalatschinken und zur Abendjause zu servieren. Ich musste mein ganzes ICH!-bin-die-Mutter-dieser-Kinder-Dings auf die Familienwaage werfen, um den Einsatz von Nutella auf einmal täglich zu beschränken. Meine Mutter hat vier Kindern fast zwanzig Jahre lang täglich beim Gemüsemanagement zugeschaut, sie sieht nicht ein, warum sie sich das bei ihren Enkeln noch mal antun soll. Nicht ihr Job. Sie ist jetzt so schön ausgeglichen. Das leuchtet mir ein; nichtsdestotrotz versuche ich ihr den Unterschied zwischen Nahrung und Nutella klarzumachen, eine Korinthenkackerei, auf die man in den 1970ern eher wenig Wert gelegt hat, und meine Mutter lässt kein Verlangen erkennen, im Alter noch damit anzufangen. Von mir aus: Solange meine Kinder weiter glauben, es gebe in Wien kein Nutella, kann ich damit leben. Und sie essen ja sonst alles.

# Ich oder der Eierkarton

Die Leser raten mir, die Sache mit dem Essen nicht so verbissen anzugehen; die Leserinnen auch. Ein bisschen lockerer solle ich werden, ein wenig entkrampfen. Kinder würden verblüffenderweise trotz Verstößen gegen das Fünfmal-täglich-Obst-und-Gemüse-Paradigma groß, und angesichts meines muckibepackten, 1,90 Meter großen kleinen Bruders, der bis über die Pubertät hinaus nur Nutellabrot und Nudeln mit nichts und die drei Erbsen, zu denen ihn meine Mutter resigniert zwang, zu sich nahm, muss ich dem zustimmen. Leider neige ich nicht zur Lockerheit. Auch eines meiner Kinder tut das nicht, teilt vielmehr meinen Hang zum Missionarischen und marschiert jetzt, nachdem meine Gehirnwäsche vorübergehend bei ihm verfangen hat, durch den Kindergarten und erklärt den anderen Kindern, dass sie verlässlich blöd würden, ja, die Mutter habe gesagt, man werde ganz dumm, wenn man kein Müsli und kein Gemüse und Obst isst, sie esse jetzt immer Müsli und Obst und Gemüse und werde es deshalb dereinst vermutlich als Einzige hier ins Kanasium schaffen, leiderschneider, ätschibätsch.

Das ist natürlich sehr peinlich für mich. Aber wie seine Mutter tendiert nun mal auch das Kind zur Fetischisierung von Ideen, Geisteshaltungen, Menschen und Dingen. Vorletzten Sommer trug es an der linken Hand neun Tage und neun Nächte lang einen Baumeister-Bob-Fingerhandschuh aus Polyester, was sich für das Raumklima innerhalb des Handschuhs als abträglich erwies. Bevor die Hand zu schimmeln begann, verschwand der Handschuh über Nacht auf mysteriöse Weise, und das Kind heulte ihm drei Tage lang nach. Heute erklärte dieses Kind zum akuten Fetischding eine steinalte Gummipuppe, die ihr Dasein seit Jahr und Tag minderbeachtet am Rand der Badewanne fristete, wo sie innerlich schimmelte, graute, faulte, ich will es nicht so genau wissen: Denn nun muss die Puppe benamst, mit Sorgfalt gekleidet, den Barbies, Alessandro Del Piero und den Powerrangern vorgestellt, mit einer Schlafstatt und einem Platz bei Tische versorgt sowie Tag und Nacht gekost und umhätschelt werden, zu Hause wie im Kindergarten. Das hält drei bis elf Tage an, dann entzaubert sich das Ding schlagartig und fristet bis auf weiteres ein minderbeachtetes Dasein in einer Plastikkiste, nackt, namenlos, ungehätschelt, zwischen nackten, namenlosen, ungehätschelten Barbies und Powerrangern, bis das Kind seinen Fetischstrahl wieder darauf richtet. Wenn ich das bei dem Handschuh schon gewusst hätte, wäre mir viel Kummer erspart geblieben. Diesem Kind ist Lockerheit nicht gegeben.

Wobei wir schon dankbar sind, wenn sich die romantischen Gefühle des Kindes auf Dinge richten, die ein Gesicht haben: Es kann sich durchaus auch um einen Eierkarton handeln, den das Kind zum aktuellen Liebesobjekt ausgewählt hat, und diese Liebe ist jeweils derart intensiv, dass wir uns hüten, das Kind vor die Entscheidung Wir-oder-der-Eierkarton zu stellen. Aber ich nehm das locker, ehrlich.

# The Great Pretender

Ich hatte eine Frage an Philipp den Geschiedenen: Ist er glücklicher jetzt, nachdem er sich für die Scheidung und gegen die kleinfamiliäre Genießerspießerei entschied, die er zusehends nur noch im Zustand der Totalsomatisierung ertragen hatte? Nicht glücklicher, sagt Philipp der Geschiedene, nein, glücklicher nicht, aber das hänge damit zusammen, dass Glücklichsein für ihn keine biographische Kategorie sei. Aber sein Unglück fühle sich nun authentischer an; er könne mit seinem Unglück allein besser umgehen. Das exhibitionierte Familienglück mit all den Insignien der Einheit und Vollständigkeit habe ihn durchaus kurzfristig abzulenken vermocht, aber ständig sei er wie verkatert daraus erwacht, was nichts mit Substanz-Zufuhr zu tun gehabt habe, sondern damit, dass Familienglück auf ihn wie Fusel gewirkt und ihn deppert gemacht habe, wie aus einem Schnapstraum sei er daraus herausgeschossen, ganz ernsthaft mit Herzklopfen und dem Gefühl, dass das nicht er, Philipp, sondern ein Traum-Philipp sei in einer Traumexistenz aus Liebsein und Schönwaskochen und dem tödlichen Frust von Drei-Sterne-Hausfrauen, wenn das Soufflé zusammengepappt sei, und mit einem Preis-Leistungs-Verhältnis zu edlen Weinen. Grauenhaft, grau-en-haft!; leider sei es sein Dasein gewesen. Das habe er irgendwann abnormal gefunden, dieses wiederholte Hochschrecken aus dem wirklichen Leben. Das habe einfach nicht gestimmt, und irgendwann habe er eingesehen, dass er eben nur alleine vollständig und richtig und familiäre Vertraulichkeit nur wie einen Besuch zu ertragen in der Lage sei; einen Besuch, der zuverlässig wieder geht und ihn als Einzelnen zurücklässt. Er liebe seinen Sohn, er liebe die Zeit mit ihm, aber es komme ihm natürlich und richtig vor, dass er nicht permanent mit ihm lebe.

Merkwürdigerweise verstehe ich das. Ich finde es nicht schön, ja: bedauerlich; aber ich verstehe es. Für Philipp ist es richtig, besser: das einzig Mögliche. In diesem Fall sage ich nicht, du bist ein totaler Depp, Philipp. Ich sage: Du bist ein totaler Depp, Philipp, dass du Nirvana unplugged immer noch hörst und immer noch super findest, so ein Dreck, so ein Ausverkauf, so ein Verrat am Rock 'n' Roll, immer noch, so ein Weicheier-Ausweis, Punk für Weinspezialisten und BMW-Fahrer, fährst du jetzt einen BMW, Philipp? So was kann mich echt aufregen, besonders bei einem wie dir, Philipp, der immer die messerscharfe Kante sucht, hier gut, da schlecht, dazwischen aua, und ich glaube, genau darum hat der Cobain sich umgebracht, weil das auch so einer war, und seine Vernuttung konnte der dann nur noch mit Totalsomatisierung und die dann auch nicht mehr ertragen, aber das führt jetzt vermutlich, da hat Philipp recht, zu weit. Dass du deine Familie verlassen hast, das versteh ich, Philipp, aber Nirvana unplugged, sag ich, gerade du, du, du!, aber ich glaube, Philipp der Geschiedene hört mir gar nicht mehr zu. Wegzappen: das kann er.

# Das Leben der Unteren

Drei Jahre wohnen wir jetzt in dieser Wohnung, vier Mal hatten die Nachbarn das Wasser in der Decke. Jedes Mal, wenn bei uns ein Abfluss gereinigt wird, klingelt es anderntags an unserer Wohnungstür, vor der dann die Nachbarin aus dem vierten Stock steht und sagt, Entschuldigung, sie stört uns ungern, aber es tropft ihr wieder von der Decke, haben wir vielleicht? Ja, wir haben, beziehungsweise nein, wir haben nicht, Fritz Schiller hat, der Installateur mit den Strähnchen. Denn wir greifen hier schon lang kein Rohr mehr an, wenn etwas mit einem Rohr ist, rufen wir die Hausverwaltung an, die schickt den Schiller, der schaut und dann wo stemmt und die viel zu dünnen Rohre richtet, die ein Vormieter, der dafür kein Talent hatte, selbst in Wände und Böden verlegt hat. Was auch die interessante Terrassierung unserer Wohnung erklärt.

Nachdem letztes Mal das Küchenabwasser in der Badewanne stand, kam der Schiller und machte mit Druckluft etwas, das dazu führte, dass das Smegma, das innen in so einem Abflussrohr pickt, an der frisch gestrichenen Decke von dem neuen Badezimmer landete, das wir bekamen, nachdem der Schiller auf der Suche nach einem Leck das alte Bad ungefähr zur Hälfte weggespitzt hatte. Während ich den Dreck von der Decke kratzte, klingelte es an der Wohnungstür, es war die Nachbarin, die sagte, Entschuldigung, sie stört uns ungern, aber ihr tropft das Wasser aus der Decke, haben wir vielleicht? An sich keine Überraschung, bloß war es diesmal die Nachbarin aus dem ersten Stock. Schiller kam und schaute, dann brach ein staatlich konzessionierter Einbrecher die wohlgesicherte Wohnung des Keramiksammlers aus dem zweiten Stock auf, und siehe da, es war unser Abwasser, das irgendwie die Duschtasse des Keramiksammlers überflutet und den Boden darunter durchdrungen hatte und so weiter. Alles wurde geflickt. Bald darauf stand die Nachbarin aus dem vierten Stock an der Wohnungstür und sagte, Entschuldigung, sie stört uns ungern, aber ihr tropft die Decke, haben wir vielleicht? Aber wir hatten nicht. Wir hatten gar nichts.

Ich ging hinunter zur Nachbarin, sah mir das Deckenwasser an und sagte: Spülmaschine. Ich kann mittlerweile einen Plan unserer Wohnung an die Decke der Nachbarn zeichnen, wie Ulrich Mühe in seinem Dachboden in «Das Leben der anderen»: Dusche, Küchenabwasch, Badewanne, Spülmaschine. Schiller kam, schaute, sah, dass es unter der Badewanne feucht war, diagnostizierte, dass das neue Silikon drumrum porös sein müsse, und sagte, nein, mit der Spülmaschine habe das garantiert nichts zu tun. Wir ließen das Silikon erneuern, und tags darauf fand ich unter der Badewanne ein paar Nudeln aus der Suppe, die wir tags zuvor gegessen hatten. Wie Schiller die Spülmaschine rausschob, sagte er, na klar, den Abfluss habe der Vormieter offenbar mit Tixo in die Mauer gepickt, den müsse man neu machen, dafür müsse man nur etwa die Hälfte der Küche wegreißen. Da reichte es uns, wir riefen die Hausverwaltung an und sagten, so geht es nicht weiter: Generalsanierung. Die Hausverwaltung, der es auch reichte, sagte: in Ordnung.

Ich begab mich mit den Kindern für zehn Tage ins Elternhaus, die Küche wurde rausgerissen, der Boden wurde aufgespitzt, Fritz Schiller kam, verlegte ein tadellos dichtes Abflussrohr, der Boden wurde neu gemacht, es wurde ausgemalt, und als alles fertig war, stellte einer der Arbeiter fest, dass es ganz hinten unter der Küchenabwasch tüchtig tropft, und nachdem der Lange den Schiller am Telefon ein bisschen angebrüllt hatte, kam der Schiller, steckte seine Strähnchen in den Kasten unter der Abwasch, sah, wie es direkt neben dem neuen Abflussrohr aus dem Zufluss tüchtig tropfte, und sagte: dass er das richten soll, hat ihm keiner gesagt. Augen auf bei der Berufswahl, sage ich, aber beim Schiller kommt das wohl zu spät.

# Nur noch zwölfundachtzig Minuten

Bis drei lege ich auf und trinke Bier, um halb vier bin ich im Bett, gegen vier kann ich endlich einschlafen, um acht schickt mir der Lange die Kinder ins Zimmer, um neun fahren wir ins Waldviertel. Die ganze Fahrt hindurch stellen die Kinder hinter mir ohne Unterlass Fragen aus dem Wie-lange-wie-weit-Komplex. Mämäääää? Ja, Kinder. Müssen wir noch tausend Kilometer fahren? Nein, Kinder. Nur zweihundertzweiundzwanzig Kilometer? Oder sieben Miniarden? Mämäää, wie weit ist es noch? Etwa achtzig Kilometer, Kinder. Ist das weit, achtzig Kilometer?, wie lange dauert das?, tausend Stunden?, oder zweihundertzweiundzwanzig? Oder sieben Milliarden?, Mämäääää!, wie lange ist eine Stunde? Zweihundertzweiundzwanzig Minuten? Oder zwölfundachtzig Sekunden?, immer mit diesen glockenhellen Stimmen in der sicheren Schmerzfrequenz. Der Lange konzentriert sich stur auf den Verkehr und spielt dazu in tüchtiger Lautstärke das gesamte neue Fehlfarben-Album «Handbuch für die Welt», zwölf lange Lieder lang quäkt mir Peter Hein das Gehirn schlammig, hinten die Kinder, vorne Hein, und als wir nach eineinhalb Stunden endlich ankommen, macht der Lange mit den Kindern gleich einen Spaziergang zum Bach hinunter und rettet so sein Leben.

Das war wohl die Rache. Der Lange fand, er habe mit dem abflussgebrechensbedingten Küchenumbau genug gelitten, während ich ja am Land zehn Tage Halligalli mit den Kindern hatte. Das kann sich ein normaler Mensch nicht vorstellen, was der Lange durchmachen musste: Zehn Tage zwischen abmontierten Küchenkasterln leben, was bedeutet, dass er jeden Tag im Gasthaus oder beim Metzger riesige Fleischbrocken essen, jeden Abend bis in die Puppen ausgehen und Bier trinken und das ganze Wochenende lesend im Bett verbringen musste, und jeden Morgen wurde er nicht von den Kindern geweckt; im Prinzip des Langen Vorstellung von Leben, richtigem Leben.

Aber nicht, wenn er muss. Wenn er muss, ist es furchtbar. Jetzt, wo er musste, war es kaum zu ertragen. Wir alle können uns nicht vorstellen, was der Lange gelitten hat; und als ich nach acht Stunden Zugfahrt mit den Kindern in Wien ankam, um dann fünf Stunden lang die Küche wieder einzuräumen, legte sich der Lange gleich mit einem Buch auf die Couch und hinterließ dort den unmissverständlichen Eindruck eines Mannes, der vorhat, für den Rest des Jahres in diesem Haushalt keine Hand mehr zu rühren. Der Lange fand, er habe wirklich genug getan. Es bedurfte einiger entschiedener Worte (die Kinder: Jetzt beruhigt ihr euch aber wieder!), um die Work-Life-Balance in unserer Wohnung wiederherzustellen.

Nichts gegen Peter Hein übrigens und die neue Fehlfarben-CD. Sind richtig gute Nummern drauf, von denen ich mindestens eine immer in meinem DJ-Mäppchen mitführe, dzt. «Politdisco». Prächtig. Immer das Maul aufreißen, immer beschweren, nie zufrieden, ganz mein Lebensprinzip. Hein soll ja jetzt in Wien leben, das ist gut, vor allem, wo Mark Stewart wieder weitergezogen ist. Nur seine Schuhe hat er, hört man, dagelassen, zwei Paar, Größe 52.

# Second Life

Es ist ein schöner Anblick, wie der Herr Wiener Intellektuelle die Spitzhacke in die steinige Erde rammt, im Versuch, eine kleine Birke ihrer Heimaterde zu entwurzeln. Er wirkt glücklich. Die Birke steht dem Horwath in seinem Waldviertler Hof im Weg; der Herr Wiener Intellektuelle Schnitzler hat vor seinem Waldviertler Hof eine Birke zu wenig. Die Frau Wiener Intellektuelle steht dabei, gibt komplexe Anweisungen und scheucht die kleineren Kinder aus dem Schwingradius der Spitzhacke, während der größere Intellektuellen-Bub schon einmal einen perfekten Seemannsknoten an Horwaths alten 15er Steyr seilt. Das ist unser Second Life: An Wochenenden schwingen wir gern den Spaten, rupfen Bäume aus und fahren mit dem Traktor. Nur der Lange macht unterdessen lieber Tsatsiki; ist besser so.

Anderntags weckt uns um Viertel nach sechs eins der Mimis, um uns davon in Kenntnis zu setzen, dass wir beim Einschlafen anders lagen. In diesem Durcheinander könne sie nicht weiterschlafen. Ich dann auch nicht mehr; also helfe ich dem Horwath beim Aufräumen des Burghofs, den er nebenan zu seinem schon fertig renovierten Haus dazugekauft hat, und als ich zwei Steine vom Boden aufhebe, streckt mich ein brutaler Hexenschuss nieder, und ich muss minutenlang in entwürdigender Haltung vor dem Horwath kauern, bevor ich irgendwie wieder hochkomme.

Später fahren wir zu den Schnitzlers, um die Birke zu besuchen und das Schnitzler-Haus auszuspionieren, wie das Landhausbesitzer untereinander gerne tun. Was hat der, was ich nicht habe. Und wo hat der das her, weil das sind immer geheimste Spezialdistributoren, wo der das herhat, versteckt in hinterletzten Einschichten, und die gefunden zu haben, ist für den Landhausbesitzer so viel wie dem Filmschaffenden der Oscar. Kastenfenster, alte Bodenfliesen, ein von rostigem Draht zusammengehaltener Wilhelmsburger Keramikkrug, ein Salzstreuer mit Naziemblem, aber den hat der Horwath im Schutt des Burghofs gefunden. Das Schnitzler-Haus, in maximalidyllischer Hügellandschaft gelegen, ist ein Wahnsinn, und die Schnitzlerin führt ein strenges Blick-Regime: Gäste dürfen ausschließlich an jenen genau berechneten Markierungen Platz nehmen, an denen man den schönsten Blick über die sanften, grünen Hügel hat. Es ist nur etwas zugig, was ich noch bereuen werde, aber dem Horwath guttut; es erhält ihm die Liebe zum eigenen Anwesen in seiner hübschen Kuhle am Fluss. Hier oben zieht es ja immer. Und im Winter: vier Grad kälter; Minimum.

Im Horwath-Haus leg ich mich zur Hexenschussberuhigung ein wenig hin und komm dann nicht mehr hoch. Keine Chance. Ich weiß jetzt, was es heißt, vor Schmerz zu jaulen. Der Lange und die Horwaths wissen es auch; ein Notarzt muss kommen und mich mit Valium kuschspritzen. (Ich wollte Morphium, aber es war ein hartherziger Arzt.) Im Moment hänge ich an einer Infusion und tippe das hier mit dem Zeigefinger der linken Hand. Bedenken Sie das, bevor Sie wegen der Qualität dieser Kolumne herumnölen, Sie.

# Ich trag jetzt eh immer Ärmel

Es ist ein bisschen wie damals beim Tätowieren: Die Frage war nicht, ob ja oder nein, sondern wo und was. Der Schurl hatte es satt, das Pecken immer nur auf toter Sauhaut zu üben, er war bereit für lebende Menschen, und ich war zufällig gerade in der Nähe. Dabei hab ich mit meinem Oberarm noch Glück gehabt, jetzt einmal im Vergleich mit dem Oberarm vom Mike oder dem Unterarm des Wiener Flex-Chefs. Bei mir hatte der Schurl das mit den verschiedenen Hautschichten schon besser heraußen, nur die Linienführung, na ja, aber ich trag ja jetzt eh meistens Ärmel.

Daran erinnert mich jetzt das Gendermainstreaming meiner Tochter. Die Frage ist nicht mehr, wann der Zipfel nun endlich wächst oder warum buhuhu nicht, sondern wie und wann einer drangemacht wird. Meine völlig daherphantasierten Drastizismen, da müsse was aus dem Schenkel geschnitten und dann woanders anoperiert werden undsoweiter, verstören das Kind entgegen meiner Absicht nicht. Was getan werden muss, muss getan werden: Wie funktioniert das genau? Ich bin allerdings noch lange nicht so weit, dass ich im Internet nachschaue, wie das genau funktioniert. Ist ja noch mächtig Zeit bis dahin. Wie viel Zeit? Wievielmal schlafen? Mamaaa, wievielmal? Also, warte, ungefähr 4745 Mal, und ja, das ist mächtig viel.

Zum Glück. Das Kind soll anziehen und sein, was, und spielen, womit es will (meine Meinung. Der Lange ist über die Fußballnärrischheit des Kindes unerfreut. Dafür hat er keine Töchter gemacht, dass er jetzt im Käfig rumstehen und gegen einen Ball treten soll), aber diese Zipfelsache macht mich langsam eitzerlweise nervös. Dabei hat mittlerweile selbst meine Mutter ihren pädagogischen Leitsatz revidiert, man müsse so eine kindliche Geschlechtsverwirrung nur sorgsam ignorieren, man müsse dem Kind nur immer Mädchen-Spielzeug und Mädchen-Gewand schenken, dann würde es irgendwann von selber zu sich kommen. Schau, wie schön, Schatzi! Das Kind natürlich immer bähh. Meine Mutter immer, man dürfe das doch nicht fördern, das sei doch, also sie wolle jetzt nicht gestrig klingen, aber normal sei das wirklich nicht. Nach dreijähriger strikter Verschmähung aller Kleidchen-Präsente kam aber meine Mutter zu sich und schenkt dem Kind zum fünften Geburtstag jetzt eine fesche Bubenshort und einen Bionicle, danke.

Beruhigend ist, dass auch andere Leute merkwürdige Kinder haben. Die Schnitzlers haben zum Beispiel einen betörend merkwürdigen Buben, der mir, als ich schmerzgebeugt durch die Schnitzler'sche Superaussicht trippelte, medizinisch einwandfrei erklärte, was das ist, Hexenschuss, der unglaubliche, lebensgroße Piratenschiffe in den Garten zimmert und der gesagt haben soll, das sei das schönste Geschenk seines Lebens, als er zum Geburtstag eine Nähmaschine bekam. Zum zehnten Geburtstag, bitte. Das ist schön. Das lässt mich nur befürchten, dass frühe Merkwürdigkeit später nicht weniger wird. Und jaaaa, Mutter, ich WEISS, dass ich das selbst am besten wissen müsste.

## The Arsenic Hour

Schön: Auch andere Paare streiten. Ritters zum Beispiel haben zur Geburtstagsparty ihrer Tochter geladen, und ich bin nicht wahnsinnig glücklich über die Ansage, die Party finde im Wald statt. Gut ist, dass ich tags zuvor eine engagierte Auseinandersetzung mit dem Langen hatte, in deren Verlauf der Lange so deppert wurde, dass ich etwas tat, was meinen Kindern strengstens verboten ist, und Begriffe verwendete, die gleichfalls. Allerdings führt der Zwischenfall überraschenderweise dazu, dass der Lange tags darauf Zucker ist und offenbar bereit, Buße zu tun. Also ruf ich die Ritterin an und sag: Ritterin, der Wald ist was für Väter, Mütter, sag ich, sollten derweil auf Balkonen sitzen und Alkohol missbrauchen. Wofür es übrigens in Amiland einen eigenen Begriff gibt, wie mir eine amerikanische Bekannte kürzlich erläuterte: the Arsenic Hour.

Es sei, sagte diese Delia, die Stunde am späten Nachmittag, in der Mütter, und Delia sprach von All-American-Full-Time-Müttern in All-American-Kleinstädten, ihre Kinder und ihr Leben nur noch im Zustand der Somatisiertheit ertragen können. Gut, die Ritterin und ich sind keine Full-Time-Mütter und neigen zu einem unamerikanischen Nonperfektionismus, der das Leben wesentlich vereinfacht, aber das soll kein Grund sein, etwas so schön Benamstes wie eine Arsenic Hour nicht dennoch von Zeit zu Zeit zu zelebrieren. Nicht zuletzt aus Solidarität mit der amerikanischen Hausfrau als solcher. Das alles erklär ich also der Ritter und dass sie das doch bitte dem Ritter verklickern soll, weil Schnitzeljagden machen mich irrsinnig unrund. Die Ritterin sagt, ich hätte ja so recht, aber könnte ich das dem Ritter bitte selber sagen, weil sie kann nicht. Sie redet seit Dienstag nicht mit ihm. Dienstag, sag ich, Respekt! Gell, sagt die Ritterin, und dass es der Ritter sehr verdient hat.

Das hätte der Lange auch, aber ich kann ja die Pappn nicht halten. Als der Lange tatsächlich mit dem Ritter und den Kindern in den Wald schnitzeljagen geht, während die Ritterin und ich am Balkon Sprudelwein trinken, bin ich sowieso versöhnt. Und bis auf ein paar SMSe des Inhalts «erste aufgabe: sie müssen bänke auf spielplatz zählen. es sind 22. dann müssen sie … die ritterin soll sich scheiden lassen», und «um es mit thomas mann zu sagen: ich kann es nun nicht mehr», hält sich der Lange überraschend gut.

Weil wir gerade vom Muttertag reden: Mein Ansinnen, diesen Anlass mit der verdienten Ignoranz zu belegen, wurde vom Kindergarten hinterrücks sabotiert. Die Kinder überreichten ein einigermaßen selbstgebasteltes und dennoch brauchbares Geschenk und sangen ein Lied, welches mit «Liebste Mutter» begann und recht schnell in die Zeile mündete: «Du hast's nicht immer leicht mit mir, aber ich hab's auch nicht immer leicht mit dir.» So viel anlassunangemessene Ehrlichkeit rührt selbst eine harte Nuss wie mich.

# Die Scheißmutter schlechthin

Werden wir und wie werden wir die Pubertät überleben?, fragt der Lange, und das frage ich mich auch. Heute habe ich zum ersten Mal ein Tränchen verdrückt, weil mein Kind immer so gemein zu mir ist. Ja, peinlich; und während ich das Tränchen verdrückte, erinnerte mich mein spottsüchtiges Überich daran, wie ich mich über meine Schwester lustig machte, als sie mir erzählte, dass ihr Kind sie zum Weinen bringt. Ein Kind, haha! Das soll mir einmal kommen, das Kind! Na ja, aber das Schwestern-Kind war drei, der Hass von Dreijährigen ist unkonkret, amöbig und radikal situationsabhängig, das ist ein Hass, so weich, mild und süß wie Grieskoch. Und: frei von Verachtung. Diesem Hass ist noch kein Verletzungswille immanent, der schlägt noch nicht den Putz von der Wand. Aber mein Kind ist fünf, das ist ein Unterschied. Der Hass einer Fünfjährigen kann schon mehr. Der ist mehrzellig. Der hat Pfeffer. Da ist (und da fragt man sich natürlich, wie wird erst der Hass der Dreizehn-, der Sechzehnjährigen?) schon enorme Verachtung drin, in Frage stellen, Alternativen wissen, weh tun wollen.

Meine Fünfjährige fragt mich in sarkastischem Ton, ob ich mich eigentlich mehr um sie gekümmert habe, als sie noch ein Baby war. Herzlichen Dank, liebe Tochter, aber ich finde eigentlich nicht, dass Fünfjährige solche Fragen stellen sollten. Schon gar nicht Fünfjährige, die man nicht fernsehen lässt, damit sie länger Kind bleiben und nicht gleich so versaut werden von der Adoleszenz und ihren unschönen Begleiterscheinungen wie Konsumgeilheit, Selbstsucht, Gewaltbereitschaft und einem grundsätzlichen Misstrauen. Funktioniert aber offenbar nicht. Die kriegen das dann halt woanders mit. Meine Fünfjährige hat jedenfalls schon eine Ahnung davon, dass das mit dem Grundvertrauen in die Welt keine gute Idee ist, dass man sich lieber auf nichts verlassen sollte. Stimmt ja, aber ich finde nicht, dass sie das jetzt schon wissen sollte. Und ich frage mich, welche Anlässe der Lange und ich ihr geliefert haben, jetzt schon ihr Kleinkind-Vertrauen einzutauschen gegen einen frühreifen Sarkasmus, im Paket mit diesem Duuu-brauchst-mir-gar-nicht-Blick. Die weiß schon zu viel. Das kümmert mich.

Und es beunruhigt mich, wie viele Wörter diese Fünfjährige schon kennt, um auszudrücken, wie sehr sie mich hasst, dass ich die deppertste Mutter der Welt bin, die doofste Mutter, die blödeste Mutter, die mieseste Mutter, die gemeinste Mutter, die Scheißmutter schlechthin: Diese Fünfjährige hat für ihren Hass bereits ein beängstigend reichhaltiges Formulierungsrepertoire. Aber gut: Ich bin erwachsen, verfüge über einen 35-jährigen Lebenserfahrungsvorsprung, über die Gelassenheit der späten Mutter und eine Schublade voller pädagogischer Leitlinien, und ich meine, Herrgottsack, ich bin mit den Kerlen im alten Flex fertiggeworden und mit denen in der «Falter»-Redaktion, und das hier ist eine fünfjährige Kindergärtlerin, ich meine … echt. Jetzt wird einmal kommuniziert.

Aber die Kindergärtlerin kommuniziert nicht, bockt, dreht sich weg, ignoriert demonstrativ, läuft weg, hält sich die Ohren zu, singt laut oder brüllt bähbähbäh und verfällt, wenn ich sie am Arm erwische, in ein herzzerreißendes Geweine, so ein Sie!-Ich-werde-hier-misshandelt-rufen-Sie-schnell-das-Jugendamt!-Geweine, das ich von den Flex-Jungs und der «Falter»-Redaktion nicht kenne und das mich, vor allem unter den Blicken einer interventionsbereiten Öffentlichkeit, in die mieseste Schlampe verwandelt, die Scheißmutter schlechthin. Ein Muttertränchen hülfe jetzt vielleicht.

# Wie das Soufflé zusammenfällt

Jetzt, wo Madonna und Al Gore die Welt gerettet haben, können wir uns wieder den wichtigen Dingen zuwenden, also meinen. Wobei, ich rette die Welt auch, ich reise mit dem Zug, was nicht alle Mitreisenden der ersten Klasse im gleichen Maße akklamierenswert finden, als sie unser ansichtig werden. Zwei kleine Kinder mit glockenhellen Stimmen und eine Mutter in fleckigen Hosen und mit einem wenig vertrauenerweckenden Mac-West-Spruch quer über der Brust: Wenn ich gut bin, bin ich gut, wenn ich schlecht bin, bin ich besser. Mehrere Passagiere springen auf, Panik im Blick, um sich dann des Umstands gewahr zu werden, dass die erste Klasse bis auf den letzten Platz besetzt ist. Was eine kurze, trügerische Hoffnung in ihnen weckt, aber ätschibätsch, wir haben drei reservierte (und, falls mir wieder wer Journalistenprivilegien unterstellen will, mit meinem selbstverdienten Geld finanzierte) Plätze. Wieder einmal wabert dick wie Pudding die Frage durch den Waggon, ob man das eigentlich darf, Kinder in der ersten Klasse mitführen, und falls ja, wann das endlich verboten wird. Aber die Mimis geben ihren Mitreisenden allen Grund, taub vor schlechtem Gewissen über ihre miesen und grundfalschen Vorurteile Kindern gegenüber in ihren Ledersitzen zu kleben, denn sie nutzen ihre Kinderprivilegien diesmal nicht aus. Sie brüllen nicht rum und laufen nicht durch die Gänge, sie singen und jodeln nicht, sie schimpfen und schmähen mich nicht.

Womit ich natürlich einen Haken in meine letzte Kolumne schlage, in der eine meiner Mimis mich von Herzen hassen gelernt hatte und diese neue Fähigkeit im Rahmen ihrer Möglichkeiten kultivierte. Diese Phase ist fürs Erste wieder vorbei, und das sage ich nicht nur deshalb, damit ich keine Mails von Familientherapeuten mehr bekomme, die meinem Kind und mir professionelle Hilfe anbieten. «Sehr geehrte Frau Knecht, ich bedaure die Schwierigkeiten, die Sie offenkundig mit Ihrer Mutterrolle haben», schreibt mir ein Mag. Dr. D. «Da Sie diese mit großem Erfolg der öffentlichen Anteilnahme anheimstellen, nehme ich an, dass die Artikel für viele Mütter eine Art Ventilfunktion haben. Das ist nicht schlecht, aber das Thema Mutter- / Elternschaft (parenting), das in anderen Ländern einen viel höheren Stellenwert hat als bei uns, verdient wesentlich ernster genommen zu werden. Von einem familientherapeutischen Coaching könnten Sie persönlich, Ihre Familie, Ihre Artikel und viele andere profitieren. Sie könnten von der erfolgreichsten Klägerin zum Thema Mütterleid zur Anwältin einer Bewegung für gelingende Elternschaft und gesundes Familienleben werden, in dessen Zentrum das Wohl der Kinder steht. (…) Mit freundlichen Grüßen, Mag. Dr. D.»

Danke, Mag. Dr. D., das könnte ich. Die Sache ist aber so: Kolumnen über perfekt gesunde Familien mit problemlosen, einwandfrei parenteten Kindern interessieren keine Sau. Jedenfalls nicht von mir. Würde mir keiner glauben. Die Leute wollen sehen, wie mir, genau wie ihnen selbst, das Soufflé auch einmal zusammenfällt, nicht, wie es mir perfekt gelingt.

«Es war noch nicht üblich, sich im alltäglichen Sprachgebrauch als ein Rätsel, eine Fallstudie oder ein Problem zu begreifen, das nur darauf wartete, gelöst zu werden», schreibt Ian McEwan in seinem neuen, Ende des Monats auf Deutsch erscheinenden Roman «Am Strand», der 1962 spielt. Und obwohl ich die meisten Gepflogenheiten aus 1962 nicht zurückhaben möchte, bin ich doch nicht bereit, die Tatsache, dass meine Kinder Geräusche und manchmal Probleme machen, als unerträgliche Abweichung von der Normalität zu betrachten: This one goes out to the Reisenden der ersten Klasse as well wie an die hilfsbereiten Therapeuten.

# War nur ein Schmäh

Wichtige Fragen müssen erörtert werden: Wird man tot, wenn man sich das Schnitzmesser in den Bauch rammt? Oder muss man nur ins Krankenhaus, wo sie einem die Eingeweide mit langen Nadeln zusammennähen? Das Schnitzmesser ist Teil des üblichen russischen Roulettes des Kindergroßziehens, welches dadurch verkompliziert wird, dass hundert Eltern von Fünfjährigen hundert Vorstellungen davon haben, was Fünfjährige können müssen oder dürfen sollen. Sollen beispielsweise Fünfjährige allein eine mittelstark befahrene Landstraße überqueren dürfen? Ich bin dagegen, was aber damit zu tun haben könnte, dass ich mit fünf auf einer mittelstark befahrenen Landstraße über den Haufen gefahren wurde, vier Wochen im Krankenhaus lag, dort von meinen Eltern nur einmal die Woche besucht werden durfte und dann sechs Wochen in einem Gips von den Zehen bis zum Bauchnabel steckte, was insgesamt, da hat der Horwath recht, einige Risse im Fundament meines Sicherheitsempfindens verursacht haben könnte. Trotzdem. Meine Kinder gehen nicht allein über die Straße, kommt nicht in Frage. Und meine Kinder dürfen auch andere Sachen nicht, die der kleine Horwath darf, ein Umstand, der in ein Wochenende im Horwath-Landhaus gewisse Dissonanzen zu mischen imstande ist.

Allerdings dürfen meine Kinder, genau wie der kleine Horwath, schnitzen und irgendwann ihre Konfession selber wählen. Letzteres ist insofern von Bedeutung, als der Horwath letzte Woche von hoher Stelle angerufen und um die Anfertigung eines kleinen Willkommenspräsentes für den Heiligen Vater gebeten wurde; der Horwath kann nämlich eine Kunst. Der Horwath hat gesagt, aber gern!, und als die hohe Stelle gefragt hat, was es denn kosten wird, hat der Horwath gesagt, na ja, circa 666 Euro, was die hohe Stelle zu teuer fand. Der Horwath hat gesagt, war eh ein Witz, aber den hat die hohe Stelle nicht verstanden. Bei der Anfertigung des Präsents hat er sich aber, gestand der Horwath, ganz besonders Mühe gegeben und hat jetzt, sagt der Horwath, einen direkten Draht zu Gottes Stellvertreter: und ihr nicht.

# Was ich einmal werden will

Das Bubenmädchen ist übrigens immer noch eins. Das Mädchenmädchen trägt jetzt Leggings und Miniröcke, und wenn ich das Bubenmädchen frage: Soll ich dir auch einmal so was mitbringen?, dann weiß ich schon, was kommt, das Bubenmädchen lacht nämlich aus vollem Hals. Es lacht wie Peymann, wenn man ihm vorschlüge, ein Stück von Kai Diekmann zu inszenieren. Es lacht, als hätte jemand behauptet, Haider würde jetzt Asylanten ins Land locken wollen. Es lacht von Herzen: Hahaha!, was für eine lustige Idee! Was für eine völlig abseitige Idee.

Als ich unlängst meine schöne, lang nicht gesehene Freundin Klara wiedertraf, als wir uns ganz zufällig einen Abend lang feinstens unterhielten und als Klara, die die Mimis vor zwei Jahren einmal einen Abend lang erlebt hatte, nach dem Bubenmädchen fragte, da fiel mir erst wieder einmal ein, dass ich ja eine kleine Transe daheim habe. Sonst fällt mir das gar nicht mehr auf. Das hat sich im Alltag so eingespielt. Die Mimis sind fünf, seit drei Jahren ist das Bubenmädchen kein Mädchen. Periodisch fühle ich in mir die feministische Verpflichtung, dem Bubenmädchen einen kleinen Vortrag zu halten: Du, übrigens: Mädchen sein ist wirklich cool. Man muss, schau mich an, nicht unbedingt eine Prinzessin sein, nur weil man ein Mädchen ist, man kann kurze Haare haben, Hosen tragen und niemals Rosa oder Lila. Mädchen dürfen nämlich alles, und alles, was Buben auch dürfen, was heißt: Mädchen dürfen sogar mehr!, und das Bubenmädchen findet das für die Mädchen total super. Bloß ist sie halt keins. Es freut sie für die Mädchen, aber es betrifft sie nicht. Sie findet es nett, dass jetzt auch Mädchen im Kindergarten-Fußballclub sind. Nicht: auch andere Mädchen, sondern: auch Mädchen; sie, das Bubenmädchen, war ja letztes Jahr auch schon. Es ist ihr klar, dass die Buben im Kindergarten in vielen Dingen irrsinnig blöd tun und sich wirklich gemein benehmen, wo sie kein Bedürfnis hat, so blöd zu tun und sich so gemein zu benehmen, aber obwohl zum Glück kein Testosteron in ihr wütet, gehört sie halt trotzdem zu denen und nicht zu den Mädchen, was soll sie machen. Deshalb kann sie auch unmöglich Leggings tragen, sondern Bubenjeans und Bubenleiberl, und beim Winterschuhekaufen würde es ihr nicht einmal zum Spaß einfallen, einen Blick auf die Mädchenstiefelchen zu werfen. Sind eh schön, ja, für ihre Schwester; und sie entscheidet sich selbstverständlich für ein grobes Paar blaue Bubenstiefel.

Und ja, sie weiß, dass sie kein Bub ist: Ihre Cousine hat so ein Freunde-Buch, was nur unwesentlich weniger schlimm ist als unsere Poesiealben früher, und als sich das Bubenmädchen da mit Foto, Hobbys und Lieblingsdingsens deklarieren soll, da will sie bei «Was ich werden will, wenn ich groß bin» eingetragen haben: Mann. Ich schreibe das hin, auch wenn es mir lieber wäre, für sie lieber wäre, sie würde Pilotin werden wollen oder Ärztin oder Fußballerin. Aber wenn Mann für sie das Richtige ist: gut, soll sein.

# Mover und Shaker

Ich sitze mit dem Kollegen X, der gerade aus der Schweiz auf Besuch ist, im Finstern Stern, wir haben prächtig gegessen, Wein getrunken und uns den ganzen Abend über streng berufliche Dinge unterhalten. Kein Mutterblabla, ich kann anders. Ich habe, ganz nebenbei, meine ungebrochene, wenngleich ruhende Blattmacher-Kompetenz durchscheinen lassen, journalistische Hochprofessionalität verströmt, Trittsicherheit auf den Gebieten Politik, Literatur und Philosophie bewiesen und insgesamt gezeigt, dass ich immer noch ein Mover und Shaker bin. Oder sein könnte, wenn mir danach wäre. Nebenbei habe ich dem Kollegen mit hellwachem Interesse gelauscht, an den richtigen Stellen blitzgescheite Kompaktkommentare deponiert, und wie gerade das Dessert abserviert wird, düdelt mein Telefon, und es ist Mutter Urban, und sie braucht für ihren morgigen Kindergeburtstag mein super Tabuleh-Rezept.

Hierbei handelt es sich nun um die klassische «Kann ich dich morgen früh zurückrufen»-Situation, aber ich lasse keine Mutter am Abgrund eines Kindergeburtstags im Stich. Denn Mutter Urban hat, das sagt mir meine eigene Kindergeburtstagserfahrung, nach einem sauanstrengenden Tag in ihrer Arztpraxis heute schon zwei Schokoladenkuchen gebacken, glasiert und mit Smarties verziert (einen für den Kindergarten, einen für die Party), Geschenke eingepackt, kleine Sackerl mit nicht so schlimmen Süßigkeiten befüllt und Spiele vorbereitet, die sie morgen nach einem weiteren Tag in ihrer Praxis mit den Partygästen spielen wird. Topfklopfen u. a., und jetzt, um halb elf, stellt sie für die Mütter noch den Prosecco kalt und macht ein Tabuleh. Ich lasse Mutter Urban jetzt nicht hängen. Stör ich eh nicht, sagt Mutter Urban, und ich sag, nein, du, kein Problem, also du hackst das ganze Gemüse klein und mischst es dann mit Couscous, doch, Bulgur geht auch, und nein, nicht vorher kochen, misch einfach den trockenen Bulgur mit dem Gemüse und den Kräutern, tu reichlich Olivenöl und Zitronensaft dazu, Salz und Pfeffer und stell es über Nacht in den Kühlschrank, das saugt sich selber voll, ja, ganz von selbst, ganz ungegart, im Ernst, ehrlich, glaubs mir, und es wird dann auch nicht so pappig, sondern bleibt schön körnig.

Währenddessen schaut mich der Kollege X über den Tisch hinweg mit so einem Blick an, nippt ein wenig am Weinglas, intensiviert seinen So-Blick und sagt, als ich das Handy wieder wegpacke, ah, Couscous. So so. Er hat übrigens ein so super Rezept für ein mit Couscous gefülltes Huhn, also. Und das schreibt er mir, während ich am Klo mein Antlitz kühle, mit meinem Fülli in mein venezianisches Notizbuch: Couscous (gegart! am besten mit Kräutern und Pilzen) in 1 totes Stubenküken füllen, mit Äpfeln, bisschen Leber (bös, aber gut: Gänsestopfleber) abdichten. Dem Küken ein paar Kräuter unter die Haut stopfen, bei 200 Grad schmurgeln, en Gueta.

Und ich möchte nicht sagen, der Abend ist ab dann im Arsch; sondern im Gegenteil.

# So ruinieren Sie den Journalismus

Maria ruft an und sagt, sie glaubt, es heißt DIE Tabuleh. Philipp smst, es gehören aber unbedingt Rosinen rein. Mark mailt, schön und gut, aber ein Tabuleh sei doch schon eher ein Sommeressen. Die E. sagt bei der Geburtstagsparty vom D., danke, jetzt kann sie sich beim Tabulehmachen endlich das depperte Couscous-Einweichen ersparen, das hat sie eh immer so genervt.

Und sehen Sie, genau das ruiniert den Journalismus. Genau das korrumpiert die Journalisten, die Hunderte messerscharfe Hintergrundanalysen über politische Ereignisse in die Zeitung schreiben können, Tausende blitzblanke Blicke auf die Aktualitäten der Realität werfen oder in Millionen Kolumnenzeilen die diversen Elende in der Welt beprangern: Auf all das kriegt man kaum ein Reaktiönchen. Nichts, praktisch. Man ist wie gar nicht da. Aber schreiben Sie einmal ein Rezept in Ihre Kolumne, dann wird Ihre Existenz sogleich wohlwollend zur Kenntnis genommen, Sie werden unverzüglich Teil der Relevanz-Elite, und man reißt sich darum, Sie vorstellen zu dürfen. Ahh, du bist die mit dem tollen Tabuleh-Rezept, freut mich! Ja, die bin ich; und nächste Woche veröffentliche ich ein knallhartes Coq-au-Vin-Rezept, extrem exklusiv, ich sage nur so viel: Weißwein.

Wenigstens wurde ich bei erwähnter Party gegen eins von einem Kabarettisten mit den Worten «Hallöooo, bist du betrunken?» begrüßt, und momentan gebrach es mir an den Mitteln, das mit pointiertem Protest zu kontern. Ich bin darauf nicht stolz und erwähne es lediglich, um den intensiven Küchengeruch mit jenem schlechten Atem zu überdecken, der von mir erwartet wird. Dennoch liegt die Wahrheit eher im Rezeptbuchregal, wenn auch nicht unbedingt letzte Woche. Letzte Woche nicht: Party im Espresso, Auflegen im rhiz, noch eine Party im Espresso, Auflegen im Berfin. Am Samstag hütete ich dann den ganzen Tag mit einem Buch das Bett und stand nur am Abend kurz auf, um schnell ein Coq au Vin zu zaubern. Und die Kinder wollten helfen. Und es ist ja so wahnsinnig gut für Kinder, wenn man sie an so ganzheitlichen Produktionsprozessen wie der Essenszubereitung beteiligt. Und sie können ja so viel dabei lernen. Und es geht mir so auf den Zeiger.

Weil Kochen ist entweder ein konzentrierter oder ein kontemplativer Vorgang; beidem sind Kinder nicht zuträglich. Kinder stören beim Kochen noch mehr als Gäste, die unbedingt helfen oder reden wollen, während man gerade etwas sehr Sensibles sorgfältig auf den Punkt rührt. Ich bin gleich fertig, setz dich schon einmal! Ja, aber ich bin doch wegen dir da! Das freut mich, aber lass mich das schnell fertig machen, ich bin gleich bei dir. Aber wie geht es dir! Also, im Moment geht's mir so, dass ich dir, wenn du jetzt nicht dalli abzupfst, Facetten meiner Persönlichkeit präsentiere, die dir eine Prolongierung unserer Freundschaft verunmöglichen, und mein Coq-au-Vin-Rezept kriegst du auch nicht.

Und, nein, Sie schon gar nicht. Ich lass mich doch von Ihnen nicht korrumpieren, aber sicher nicht.

# Lügner, elende

Ich will jetzt wirklich nicht ewig auf der Sache herumreiten, aber die Kollegen H. und T. wussten nicht, was ein Tabuleh ist. Bitte: Kurz gesagt handelt es sich beim Tabuleh um Nudelsalat des 21. Jahrhunderts. Oder der Bobos, wenn man gern diesen Begriff strapaziert.

Und, doch, ich habe diese Woche auch Interessanteres erlebt, möchte aber nicht darüber sprechen. Auch nicht über das Kindertheater. Auch nicht über die erste Vorführung in der Zirkusschule, gerade weil es nett und beeindruckend war. Auch nicht über die spontan einberufene Kinderfaschingsparty bei den Schwarzens, denn klischeehafter können sich die Insignien eines für Mutter praktisch vollständig versauten Nachmittags nicht aneinanderketten (liegen gebliebene Arbeit, Streit mit dem Langen, Langeweile, Frust, Prosecco, Magenübersäuerung, mehr Streit mit dem Langen). Das hatten wir schon, das hatten wir schon.

Die Geschichte wiederum, die Geschichte, die ich erzählen wollte, über Eltern, die Nicht-Eltern anlügen, geriet unfreiwillig irgendwie ketzerisch und verbissen missionarisch zugleich. Gefiel mir gar nicht mehr. (Es ging um ein Gespräch, das ich mit dem F. bei einem Mittagessen geführt habe, der hat auch ein Kind. Wir sprachen darüber, wie schwierig es ist, gegenüber Leuten um die Mitte vierzig oder fünfzig, die aus diesem oder jenem Grund keine Kinder haben, so zu tun, als wäre das eh prima. Also, keine Kinder zu haben. Als gäbe es phantastische Gründe, freiwillig kinderlos zu sein. Und dass wir das dann immer geflissentlich tun: die immensen Vorteile der Nachwuchsfreiheit aufzählen. Wir kommen uns nämlich keineswegs besser vor, nur weil wir welche haben! Wir sind ja keine Lebensentwurfsmissionare! Was wir sind: Lügner, erbärmliche Lügner. In Wirklichkeit wissen wir keinen einzigen relevanten Grund, wieso es besser sein soll, keine Kinder zu haben. Ja, ja, wir kennen tausend Situationen, in denen Kinderlosigkeit von Vorteil ist, und man erspart sich furchtbare Ängste. Und wir halten es für einen groben, fatalen, mitleiderregenden Glücksverzicht, aus den oberflächlich bestechenden Benefizien dieser Situationen aus freien Stücken ganze Biographien zu zimmern; außer eben, es geht nicht anders.) Ich sagte ja: Nicht gut. Sektiererisch, gräbenaufreißerisch, deppert, schlecht. Beleidigend fast. Wenn man mittendrin, bei «Wir sind Lügner», aufhören würde, funktionierte das vielleicht, bleibt aber unvollständig … Man kann das nicht lässig dahererzählen.

Aber es fällt mir ein, als sich die Kinder am Sonntag durch die Wohnung spielen, trappeln und singen, irgendwas, eine Mischung aus im Kindergarten Gelerntem und Selbstgedichtetem, in dem wie ein Mantra die Zeile «Ist das Leben schön» wiederholt wird. Ich liege im Bett und lese den neuen Nick Hornby, lausche den Kindergeräuschen, und draußen regnet es, und der Wind heult, und jeden Augenblick werden sie mein Zimmer stürmen, Hunger!, Durst!, fad! brüllen, aber im Moment, im Moment ist das Leben tatsächlich unversaut schön.

## Selber schuld, Mutter

Mittlerweile wurden mir ungefähr 286 Gründe zugetragen, warum es super ist, keine Kinder zu haben. Einige davon stammen von Horwaths kinderlosen Freunden, die, wie mir der Horwath überbrachte, recht angespeist seien über meine letzte Kolumne. (Äh, tja, sorri. Ich weiß, das tut man nicht. Ich weiß, das war ein Bruch des Geheimvertrages zwischen Kinderlosen und Bekinderten.) 62 Gründe mailte Leser Simon F., der in der Gnade der Kompetenz steht, denn er hat drei Kinder. (Grund 2: Weil man Schlaf NICHT für überbewertet hält. 17: Weil man Familienferienclubs hasst. 28: Weil man nach der Arbeit Ruhe braucht. 29: Weil man Spongebob hasst. 34: Weil man eine saubere, ordentliche Wohnung schätzt. 41: Weil man nach einer Trennung die Chance auf einen Neuanfang haben will. 42: Weil man gerne einmal auf ein Jahr verschwinden will, bevor man alt oder tot ist. 50: Weil man die Freiheit haben will, zu seinem Chef «Sie Riesenarschloch» zu sagen und zu kündigen.)

Auch von mir fiel während des Nähens von zwei Dschungeltier-Kostümen die Mutterschaftsverklärung vorübergehend vollständig ab, und ich darf die Liste wie folgt ergänzen: 287: Weil man keine Affen-Kostüme nähen muss. 288: Weil man keine Panther-Kostüme nähen muss, bis kurz bevor man auf das Konzert (289: Weil es nichts ausmacht, wenn ein Konzert erst um elf anfängt und um eins aufhört) vom Rotifer geht, das lässigste Konzert, das ich seit langem gesehen habe. Was nicht nur am Rotifer und den fabelhaften Songs von seiner neuen CD lag, sondern auch an den Kollaborateuren Molden, Stootsie und dem großartigen Robert Wolf von Chuzpe, wer sich erinnert, aber derzeit erinnern sich ja alle nur an den unvermeidlichen Falco. Andere Geschichte.

Mit den Kostümen haben mich die Mimis gelinkt (290: Weil man nicht von Fünfjährigen gelinkt wird). Zwei Mal war ich beim Komolka (Zwei Meter von dem da, bitte. Bär? Nein, Gorilla), um Material zu besorgen zur Verfertigung der, laut Mimis, für das Kindergarten-Faschingsfest zwingend vorgeschriebenen Dschungeltier-Kostüme. Natürlich sagen sie mir im Kindergarten am Tag des Fests, dass ein bisschen dschungeltierfarbenes Gewand völlig gereicht hätte. Eh klar. Und: Selber schuld, Mutter. Vielleicht hättest du 2004 nicht die Parole ausgeben sollen, es sei unsportlich, Faschingskostüme fertig zu kaufen. Du Idiotin, du.

Als wäre stundenlange Fronarbeit nicht genug Strafe für unerbetenes Maulaufreißen, schweben jetzt noch immer Millionen feiner Polyesterhärchen durch die Wohnung und machen die ganze Familie ununterbrochen niesen. 291: Nein, Schluss jetzt. Die große amerikanische Umarmung, wie sie am Ende der mieseren Serien-Ware immer alle Menschen eint und alle Probleme löst, ist hier nicht lieferbar: Simon F. mag mir widersprechen, aber tatsächlich sind auch 5000 gute Gründe nicht imstande, meine Meinung über das Kinderkriegen zu ändern. Aber ich behalte sie jetzt einfach einmal ein Zeitl für mich.

# Solche Männer braucht das Land

Der Horwath hat eine neue Brille: eine überaus eindrucksvolle Brille. Eine schöne Brille, in der Tat, in erstklassiger Qualität von Cutler and Gross in London, UK, gefertigt. Die Brille steht dem Horwath hervorragend. Wenn Sie dieser Tage einen Mann mit einer Brille erblicken, das ist der Horwath: Sie wissen es, wenn Sie ihn sehen. Ein missgünstiger Mensch mag einwenden, die Brille sei für übliche Brillenverhältnisse irgendwie viel, aber ich entgegne, dass sie zwar viel, für ein Charakterantlitz wie jenes des Horwath aber keinesfalls zu viel ist. Wenn Sie den Horwath mit seiner neuen Brille sehen: Es wird Sie kein Zweifel darüber anhauchen, dass der Horwath ein furchtloser Kerl ist, ein Mann, der das Neue, und sei es auch fremd und ungewohnt, unerschrocken antizipiert, und so, genau so, wollen wir die Männer haben.

Vielleicht müsste ich dem Kollegen Dings ein Foto vom Horwath zeigen und sagen: Schau, Kollege, wenn der Horwath diese Brille mit Stolz tragen kann, kann ein Kerl wie du sich auch iTunes von einem Weib installieren lassen, ohne dass ihn eine spontane Rückgraterweichung niederstreckt. Denn der Kollege, ein totaler Pop-Auskenner, kennt iTunes nicht. Täglich biete ich dem Kollegen an, ihm das schnell herunterzuladen, täglich wird das Angebot aggressiv ignoriert.

Denn wie einst der Lange, der ähnlich dem Dings bei

allen technischen Sachen eine totale Semmel ist, beharrt auch der Kollege darauf, dass er so etwas wie iTunes definitiv nicht braucht. Ich weigere mich, sprach der Kollege, mich mit Musik zu beschäftigen, die aus einem scheppernden Computerlautsprecher kommt und datenmäßig runterreduziert is. Eh. Heruntergeladene Musik, sagte der Lange, ist etwas für Leute, die Musik nicht hören, sondern nur konsumieren. Eh. Menschen mit iPods. Ja, du. Menschen, die nicht die Eier haben, ihre Wohnungen mir CD- und Platten-Regalen vollzustellen. Du hast ja so recht, Schatz. Menschen, die … was: Soll das heißen, ich kann jetzt hier von jedem Song, über den ich im «Uncut» oder im «Wire» gelesen habe, gratis dreißig Sekunden anhören, einfach so? Ja. Und ich kann hier meine CDs hineinspielen und neue Sampler zusammenstellen? So ist es. Und ich kann von einer CD nur einen einzigen Song kaufen, wenn ich den Rest der CD kacki finde? Ja, kannst du. Und wenn ich hier oben einen Songtitel, sagen wir einmal, jetzt nur zum Beispiel, «Too Drunk to Fuck» eingebe, dann kommen alle Versionen, die davon je aufgenommen wurden? Die meisten. Aber ich brauche das eigentlich nicht, nur dass du es weißt. Ist mir klar, Schatz.

Die Geschichte von des Langen Affirmation des 21. Jahrhunderts beeindruckt den Kollegen selbstverständlich kaum: Dass man der letzte aufrechte Modernitätsverweigerer ist, bedeutet ja nicht, dass man nicht recht hat.

Sollten Sie zufällig dieser Tage den Horwath oder den Kollegen Dings treffen: Zeigen Sie ihm, dass es Männer wie ihn braucht. Doch, das gilt für beide.

# Ich hör ihn schon

Ah, der Frühling ist da. Ich kann ihn hören. Andere werden vom Frühling mit knospenden Bäumen, blühendem Krokus und zarten Schneeglöckchen überrascht, mich begrüßt er Jahr für Jahr mit einer Schimpfkaskade vor der Wohnungstür. Myriaden verbotener Wörter, die die Kinder, ich sehs ihnen an, gleich gierig in ihren Wortschatz eingemeinden: Himmelherrgottsackkruzitürkendugrauslichedummefut. Der Lange pumpt sein Fahrrad auf: Der Frühling ist da. Gleich werde ich, wie jedes Jahr, hinaus vor die Tür gehen, gleich werde ich dem Langen, wie jedes Jahr, erklären, wie man ein Fahrrad aufpumpt; gleich werde ich sein Fahrrad aufpumpen. Aber erst will ich noch das Glück genießen, dass jetzt endlich Frühling ist. Bald wird es sprießen, blühen, duften. Der Frühling ist da, ich hör ihn schon.

Später stehen wir vor dem Schuhgeschäft. Ich sage, Langer, du brauchst nicht mitkommen. Der Lange brummt. Ich sage, Langer, komm nicht mit, das macht dich nur narrisch, wenn vier Weiber durch ein Schuhgeschäft wuseln, geh doch derweil Hemden schauen. Der Lange sagt, er geht jetzt einmal mit rein.

Denn der Frühling ist da, die Kinder brauchen neue Turnschuhe. Oma, die auch mit ist, will sie unbedingt bezahlen, was zu autonomiepolitischen Komplikationen führen kann. Auch deshalb war ich schon gestern zu Sondierungszwecken hier; habe alles aussortiert, was nicht wasserdicht oder anders unvernünftig ist. («Unvernünftige Schuhe dürfen nur Menschen über einen Meter fünfundsechzig haben, die für ihre Blödheit vollumfänglich selbst bezahlen, also ich zum Beispiel»: aus einer Rede an mein Volk.) Ich weiß schon, welche von den vernünftigen dem einen Kind zuverlässig gefallen werden und bei welchen das andere umstandslos in bittere Tränen ausbrechen wird, weil solche entwürdigenden Schuhe auch nur in Erwägung gezogen werden. Ich bin vorbereitet.

Bevor ich «also» sagen kann, wuselt die gesamte Familie bereits durch die Kinderschuh-Abteilung und stemmt begeistert Schuhähnliches in die Höhe, in dem ein Kinderfuß schon herumschwimmt, wenn es von einem Tröpfchen Morgentau zart genetzt wird. Was ist mit denen! Den Mimis, die nicht lesen können, verzeihe ich das, der Oma und dem Langen nicht, denn die sind der Schrifterfassung mächtig und überdies instruiert, nur Schuhe in die Auswahl aufzunehmen, an denen ein eindeutiges Dingstex-irre-wasserdicht-Schildchen baumelt. Der Lange: Hallo, was ist mit denen! Die nervige Mutter: Sind sie wasserdicht? DL: Weiß nicht. DNM: Hängt ein Schild dran? DL: Ah, nö. DNM: Dann: nein. DL: Du brauchst jetzt nicht gleich hysterisch werden.

Will ich aber. Zum Glück bringt der Frühling dieser Familie (jetzt außer Oma) etwas gänzlich Unerwartbares, nämlich ein gemeinsames Lieblingslied, «Time to Pretend» von MGMT: Nochmaaaal! Lauter! Verrückt schön. Gleichzeitig Headbangen und das Herz festhalten, weils einem das sonst herausreißt. Frühling wirds: Ich spür ihn schon.

# Fick deine Mutter

Diese Woche brachte die erfreuliche Nachricht, dass die Mimis einen Platz an dieser kuscheligen, kleinen Schule haben. Es sind dort alle sehr nett und engagiert, und pro Klasse gibt es, schätze ich, ungefähr zwei Ausländer, Schweizer oder Dänen oder so, deren Eltern vermutlich im Management eines Bio-Food-Distributors arbeiten. Oder bei der UNO. Wir haben den Kindern auch realitätsnähere Schulen gezeigt, mit rauchenden, kraftwörterspuckenden Hauptschülern am Schulhof, in die sie trotzdem nicht wollten. Zugegeben, es ist leicht, zwei Sechsjährige dazu zu kriegen, unbedingt an die kleine, engagierte Schule zu wollen, wenn sie dort beim Tag der offenen Tür zehn frühere Kumpels aus dem Kindergarten in den Klassen treffen und die Kinder der Freunde, der Nachbarn und anderer bildungsnaher Eltern, die ihren Nachwuchs ebenfalls gern an einer kuscheligen, kleinen, engagierten Volksschule ohne gewaltaffine Vierzehnjährige wissen.

Und wo das schlimmste Wort, das die Erstklässler nach Hause bringen, etwas ist wie wie wie … wie Nutella. Mama, was bedeutet das: Nutella? Das, Kind, ist ein ganz böses Zucker-Fett-Gemisch, das sich das Kaloriat aufs Brot schmiert, pfuipfuipfui! Die Tochter von Freunden, die nicht in die kuschelige, kleine Schule geht, lernte in ihrer dritten Schulwoche einen wohlklingenden kroatischen Ausdruck, den sie ihrer Erziehungsberechtigten bereitwillig mit «Fick deine Mutter» übersetzte. Man soll das positiv sehen; hier lernt das Kind das Grundvokabular zum Überleben im globalisierten Turbokapitalismus, das kann es einmal brauchen.

Das wird unseren vorenthalten; ja, feig: Man ist ja Ex-Subkultur, Ex-Unterhaltungschemie, Ex-Headbanger, Ex-Rebell. Was heißt: Tief im Herzen ist man doch immer noch irgendwie Rebell, braucht bloß nicht mehr jeder gleich zu sehen. Man ist bio und öko, so gut's geht, man lässt die Kinder nicht fernsehen und nicht computerspielen, um ihre Kreativität nicht zu ruinieren und sie nicht schon jetzt der Werbung auszuliefern, man gibt Bettlern nichts, weil Bettler von Banden ausgebeutet werden. (Man lässt lieber von einer untadeligen wohltätigen Organisation abbuchen, die das Geld vernünftig verteilt: Das erklärt man den Kindern, und die Kinder erklären es den Bettlern, und auch die Straße wird zu einem Ort permanenter Demütigung.)

Hat man aber voll und ganz verdient. Man reißt ja immer 's Maul auf, wenn die offene Gesellschaft Thema ist, und beschwört einen gesunden, realistischen Multikulturalismus. Man ist ein verlogener Scheißdreck, weil kaum geht es um die eigenen zarten Sechsjährigen, möchte man die, wenn's leicht geht, doch lieber möglichst lange nicht der Welt der rauen Sitten aussetzen, der Verdrängswettbewerbsgesellschaft, wo immer nur das Gesetz der Stärkeren gilt: Man hat sich da bereits ein schönes Verteidigungssprech-Repertoire angelegt.

Ja ja: Wir schimpfen uns ja selber Spießer. Wenn uns schon wieder niemand widerspricht, weinen wir kurz ins Kopfkissen. Ganz kurz nur, weil: traurig, tja, wirklich; aber diese Schule, bitte: echt nett.

# Kampf der Geschlechter

Dennoch: Wenn ich mir in diesen Tagen etwas Teures zum Anziehen kaufe, ist es eher von Jack Wolfskin als von Marc Jacobs. Obwohl mich Wolfskin ein wenig enttäuscht hat, er konnte die bestellte Superduperfunktionsjacke nicht liefern. (Der Wunsch nach einer Funktionsjacke entstand, als wir unlängst in Horwaths Wald einen Baum zersägten und aufstapelten, und jetzt bekomme ich die Harzflecken nicht mehr aus meinem Donna-Karan-Mantel.) Jedenfalls nicht wie gewünscht, denn ich wollte die Funktionsjacke in Schwarz. Also, die Erhältlichkeit in Schwarz war überhaupt der Grund, warum ich mich gerade für diese spezielle Superduperjacke entschieden habe, denn es gibt, finde ich, keinen Grund, warum man in Wald und Wiese Zechenkasbraun oder Alle-um-mich-herum-sollen-erblinden-Farben tragen soll. Ich finde außerdem, Schwarz kleidet mich und geht immer. Der Lange findet, Schwarz macht mich blass und alt. Ich finde, Schwarz kleidet alle Frauen. Es sollten viel mehr Frauen Schwarz tragen. Mädchen auch.

Apropos Mädchen: Man wird oft beneidet, wenn man Mädchen hat, und zwar mit Recht. (Was sich radikal ändert, wenn sie zwölf werden; bis wohin ich jede Minute engagiert auszukosten gedenke.) Am Sonntag z.B. kann ich der Breussin schon vor dem Ende des ersten Durchgangs des Dirtjump-Contests am Rathausplatz berichten, dass wir, WIR nämlich, jetzt heimgehen dürfen. Die Breussin schaut neidisch, denn sie hatte zugunsten des kleinen Breuss tags zuvor sechs Stunden am Rathausplatz abgebüßt und wird jetzt wieder sechs Stunden abbüßen, denn der kleine Breuss hat Testosteron und Durchhaltevermögen und ist ein phantastischer und fanatischer Pedalist, der praktisch ohne einen Keucher von hier bis hinauf auf den Wilhelminenberg radelt und ganz bestimmt keine Minute von diesem Bike-Event versäumt, außer es wird ihm mit einem echten Baby-Hund oder einem dreiwöchigen Abenteuerurlaub mit dem aktuellen Dirtjump-Champion vergolten, beides steht für die Breusses nicht zur Debatte.

Die Breuss wird sich hier also einen kleinen Sonnenbrand und einen befristeten Hass auf alles mit Testosteron holen, während wir jetzt heimdürfen, weil Mädchen, selbst Bubenmädchen, lieber basteln und malen und spielen und sich lustig verkleiden, als auf Sandpisten endlos im Kreis zu fahren oder irgendwelchen Bennys und Atzes dabei zuzusehen, wie sie sich zum 34. Mal in den gleichen Tailwip über dem gleichen Dreckhaufen werfen. 33 Mal ist es toll. Danach wird die Bastelschere zu einer urgeilen Alternative.

Aber es macht mir ein wenig Sorgen, dass nicht nur die Unterschiede, sondern auch die Gräben zwischen den Geschlechtern schon im Kindergarten manifest und riesengroß sind. Mädchen sind zickig, Buben sind grob, Mädchen machen sich mit ausgrenzendem Psychoterror alle, Buben mit der Faust. Buben spielen nicht mit Mädchen, Mädchen spielen nicht mit Buben, und das Bubenmimi, in seiner sturen Zweigeschlechtlichkeit, ist das einzige Kindergartenkind, das zwischen den Genderlagern pendelt, von denen es zwar gleichermaßen für bisschen meschugge gehalten, aber auch als eine(r) der ihren akzeptiert wird. Übrigens trägt es, wie auch das andere Mimi, gern Schwarz, während seine Mutter demnächst mit einer pestogrünen Superduperjacke durch den Wald hoppeln wird, Himmelherrgottsack.

# Wir Langstreckenläufer

Ich lese eigentlich keine Mails mehr, außer sie sind von meinem Chef oder von meinen Freundinnen. Leider generiert das Ignorieren von Elektropost nicht weniger, sondern mehr Mails, diesfalls solche, die mit der Zeile beginnen: Ich habe Ihnen am Soundsovielten ein Mail mit einer Anfrage geschickt, auf die ich leider bis heute keine … und so weiter; und es wird schlimmer, wenn man die nicht beantwortet. Keine Freude. Macht noch mehr Stress und lässt einen in der Nacht noch öfter wach liegen, geplagt von der Schuld, seine Pflichten nicht anständig erfüllt zu haben. Den Fleck kriegt nicht einmal ein Hyper-Mega-Vanish aus einer Vorarlbergerin raus, da kann man sie zwanzig Jahre lang in Wiener Laissez-faire eingeweicht haben, den sieht man noch.

Auch habe ich schon lange keine Freude an meinem Handy mehr; aber das hatte ich eigentlich schon früher nicht, als mich Sedlacek ständig in der Nacht angerufen hat.

Das war, wie ich noch zu den Dreißigern gehörte, die jetzt, wie ich überall lese, ganz anders drauf sind als wir damals, ohne Vertrauen in die Zukunft und alles, betrogene Gläubiger gebrochener Du-kannst-es-schaffen-Versprechen, aber immerhin mit einem neuen Zugang zur Welt: Sie wollen jetzt einmal durchhalten. Nicht immer gleich aufgeben, nicht mehr Teil der Instant- und Wegwerf-Generation sein, vor allem als Beziehungskonsumenten. Dieses wiederentdeckte Langstreckenläufer-Denken erscheint mir ein interessanter und partiell lobenswerter Zug an den neuen Dreißigjährigen, wenngleich natürlich das Aufgeben-Dürfen gescheiterter Beziehungen, das Beenden-Können unglücklicher Ehen eine großartige Errungenschaft der Neuzeit und des Feminismus ist, die man nicht so einfach einem reformierten Durch-dick-und-dünn-Gequäle opfern möchte.

Allerdings ist die Halbwertszeit moderner Beziehungen und Ehen für eine genetisch determinierte Durchbeißerin wie mich immer wieder überraschend: Gerade kürzlich bin ich an einer TV- und Radiomoderatorin vorbeigeradelt, die feingemacht vor einem Bezirksgericht herumstand, daneben ihr Kindsvater, der stur in einem Winkel von 140 Grad von seinem Ex-Lebensmenschen wegschaute, denn offensichtlich war man gerade dabei, die intensiv in Medien beschworene Liebe des Lebens mit einer Scheidung zu finalisieren. Die Ehe hatte, inkl. Kindsproduktion, neun Monate gedauert, aber das ist heutzutage höchstens noch Durchschnitt. Es geht auch kürzer.

Und vielleicht liegt das genau am Internet und am Handy, weil früher musste man beim Schlussmachen in nässende Augen blicken oder telefonisches Geschluchze ertragen: Das war sehr unangenehm, das wollten viele sich lieber nicht zumuten und ertrugen deshalb tapfer ein paar Jährchen moderaten Doppelunglücks. Heute schickt man ein formloses E-Mail oder SMS, don't u w8 4 me oder so was und, damit das Ganze nicht so brutal daherkommt, einen Smiley dazu. Wenn die Dreißigjährigen daraus keine Tradition zu basteln gedenken, habe ich nichts dagegen.

# Danke, dass ich abwaschen darf

In Kroatien wird immerhin die heikle Morchelnudeln-Sache endlich entschärft. So welche hat der Horwath unlängst gekocht, als der Lange unabkömmlich war. Und das war nun, wie ich dem Langen hernach berichtete, ungelogen das beste Essen seit Wochen gewesen, worauf sich der Lange tagelang entschlossen vom heimischen Herd fernhielt, weil er kann bitte auch anders. In Kroatien aber kocht der Breuss das beste Essen seit Monaten, was schon an seiner Busara liegt, aber mehr noch an den Scampi darin, die uns der Scampi-Fischer gerade frisch aus dem Meer geholt hat. Wir haben uns diesmal schamlos an die örtlichen Fischer herangeschmissen, und die verkaufen uns nun fast jeden Tag etwas von dem, was sie aus dem Meer geholt haben, und während wir die tropfenden Säcke ins Haus tragen, lachen sie über uns.

Der fesche Josip, dessen hundert Meter entferntes Ferienhaus von den Kindern final gekapert wurde, weil Josip eine nette schwäbische Hildegard zur Frau hat, die endlich gerne Oma wäre, Josip also erzählt uns, dass die Sepie, die wir heute wieder von den Fischern gekauft haben, hier nicht einmal die Fische fressen. Geschweige denn die Einheimischen. So was kann man nur Touristen andrehen, grinst der fesche Josip, während er auf der Bank vor seinem Haus aufs Meer schaut und raucht, und erwähnt in diesem Zusammenhang auch, wie Eskimokinder tagelang auf einer Seehundhaut herumkauen.

Am nächsten Abend gehen wir rüber zu Josip und seiner Bank, die Breussin schnorrt Josip eine Zigarette ab, und wir sagen, Josip, wir wissen jetzt, warum nur Touristen eure Sepie hier kaufen, weil von euch hier kann sie keiner richtig zubereiten. Wenn man die Sepie nämlich nicht eine Stunde oder zwei zu Semperit kocht, sondern nur kurz z. B. in einer Rosmarin-Tomatensoße mit weißen Bohnen ziehen lässt, schmecken sie nicht wie Flipflops, sondern sind sie zart wie ein Henderl, Josip, zart wie ein Henderl.

Am nächsten Abend laden wir Josip und Hildegard, sozusagen als Kinderbetreuungshonorar, zu uns zum Essen ein, der Horwath paniert endlich die Wiener Schnitzel, ohne die er keine zwei Wochen am Meer überlebt, und wir fragen Josip, der aus der Gegend stammt, wie er nach Deutschland kam. Die Geschichte geht so, dass Jung-Ingenieur Josip in den späten Sechzigern nach Deutschland ging, weil er einen Sportwagen fahren wollte, und das tat er auch, einen BMW 2500 um 18 000 Mark, den er mit einem Monatsgehalt von 600 abzahlte und bald an deutscher Maurerhandwerkswertarbeit ruinierte. Leider übernimmt Hildegard dann den Erzählfaden und gibt ihn nicht mehr her, und wir erfahren alles über den Karneval in einer schwäbischen Kleinstadt, und das ist leidlich verstörend. Ich schleiche in die Küche und danke dem Herrn auf Knien dafür, dass ich heute den ganzen Abwasch machen darf. Andererseits soll eine Frau, die es mir ermöglicht, im Urlaub trotz Kindern fast drei Bücher zu lesen, im Karneval ihren Spaß haben: Das ist nur gerecht.

# Heuer machen wir es anders

Heuer, habe ich gesagt, machen wir es einmal anders am Kindergeburtstag. Der Horwath war gleich dagegen; sein kleiner Horwath hat drei Tage vor den Mimis Geburtstag, also gemeinsame Party. Eine Scheißidee, sagte der Horwath, da saßen wir noch in der Neptun-Bar in Kroatien, nachdem er zuerst gefragt hat, wie ich das meine, und ich es ihm erklärt habe: dass wir heuer einen Kindergeburtstag machen, an dem es ausnahmsweise auch einmal Spaß für die Kinder gibt. Spaß, hat der Horwath gesagt und durch seine Cutler-&-Gross-Brille bitter aufs Meer geschaut, was für Spaß. Ein Clown oder was. Blödsinn, hab ich gesagt, ein Spiel oder eine Schnitzeljagd oder etwas in der Art, und Würstel grillen am Feuer, und wir laden heuer nicht nur unsere Freunde ein, sondern die Freunde der Kinder, schau nicht so, mir gefällt es auch nicht besonders. Aber trotzdem machen wir es heuer so. Der Horwath hat gesagt, grillen hasst er. Schnitzeljagden auch. Die Horwathin hat gesagt, sie findet es aber eine super Idee. Der Horwath hat noch ein Karlovacko bestellt und gesagt, dass es für so einen Unsinn nicht den geringsten Grund gibt, weil bis jetzt hat's immer gepasst.

Normal laden wir am Kindergeburtstag alle unsere Freunde mit Kindern ins Schwimmbad oder auf den Spielplatz, schneiden den Kuchen an, singen Happy Birthday, rufen jöö und schöööön und schicken die Kinder dann spielen. Oder baden oder raufen, Hauptsache, sie stören uns nicht, während wir riesenschüsselweise Erdäpfelsalat und kleine Horwath-Schnitzis verputzen und Kühltaschen voller Bier und Wein leermachen. Bitte, die Kinder haben sich nie beschwert, aber dann war ich auf Kindergeburtstagen, die wirklich Feste für die Kinder waren, und zuerst fand ich das echt schischi, und dann habe ich mich geschämt. Heuer machen wir es anders.

Jetzt ist heuer schon morgen, und ich komm aus der Hektik nicht heraus. Ich habe Einladungen gemacht, kopiert, verteilt, der Lange und ich waren einkaufen und auf der Geburtstagsfestwiese, die Schnitzeljagd auskundschaften, und wir haben gestritten. Ich habe zwei Blecher Schoko-Kuchen gebacken, nicht wie letztes Jahr mit einer schicken Zuckergussgraphik, sondern fußballrasendicht mit Smarties belegt, denn so und nicht anders wollen es Kinder. Aber es sind noch keine Schnitzeljagd-Aufgaben ausgedacht, keine Geschenke eingepackt, keine Schatzkiste und keine Partysacherl befüllt, und auch Erwerbsarbeit wäre noch zu erledigen. Weil ich mich in dieser Sache an den Horwath nicht zu wenden brauche, rufe ich die Horwathin an und sage, du, mir wächst der Kindergeburtstag gerade ein bissl über den Kopf, und sie sagt, oje, aber leider kann sie nichts tun, jetzt wühlt sie grad am Land im Garten und morgen kommt sie nicht vor fünf aus der Klinik, tut ihr echt leid. Der Horwath ist nicht zu sprechen, wahrscheinlich brät er gerade eine Scheibtruhe voll Schnitzel, aus lauter Wut über die Scheißidee, und ich bin kurz davor, ihm recht zu geben.

# Das ist immer so

Nachdem der Lange auch eine Tonne fauliger Klaräpfel aufgehoben hat, drängen sich ihm spontan ein paar Fragen auf: Brauchen wir wirklich so viele Apfelbäume? Oder darf ich die umhauen? Vielleicht dass wir stattdessen ein paar eilige, fruchtlose Schattenbäume pflanzen? Aber darf ich dann zumindest mit dem Astzwicker alle äpfeltragenden Äste abzwicken? Also alle?

Ja, nein, nein, nein und nein; obwohl ich dich wirklich nicht frustrieren möchte, Honey, denn ich bin über dein Engagement total erfreut, ehrlich.

Obwohl es, apropos Engagement, einige unschöne Szenen in der, so der Lange, Scheißpipifaxabteilung von IKEA gab. Das drückt der Lange einfach nicht durch. Da zuckt er aus. Das ist immer so. Wir schaffen es relativ geräuschlos und sozial unauffällig durch den oberen Stock, ich mit einer Einkaufsliste, der Lange mit schlechter Laune und einem gelben IKEA-Sack über der Schulter. Aber unten bei den Vorratsgläsern und/oder Sofakissen dreht der Lange regelmäßig durch.

WOZUBRAUCHENWIRDENSCHEISS! Bedauerlicherweise habe ich dann auch schon nicht mehr die Nerven, um sehr gelassen folgenden Text vorzutragen: Also, Langer, wenn du mit einem Buch flach auf der Couch lägest, dächtest du dir: Wärs nicht schön, ich hätt ein Kissen, ein Kissen wär jetzt fein. Das liegt und liest sich nicht gut, so ohne Kissen. Und eine Leselampe wär auch nicht schlecht.

Und genau das ist dir noch nie passiert. Noch nie bist du im Dunkeln flach auf einer Couch gelegen und musstest über Mangelwirtschaft nachdenken, weil warum. Jemand hat sich gedacht: Wärs nicht schön, man hätt ein Leselicht und ein Kissen, wenn man mit einem Buch auf dem Sofa liegt. Jemand ist in eine Scheißpipifaxabteilung gefahren, hat vor den Leselampen und den Sofakissen hin und her erwogen, hat sich dann ohne Geschrei für welche entschieden, hat sie ins Wagerl gelegt und ist zur Kassa gefahren. Ist weiters dort angestanden, ohne der Frau vor sich das Wagerl mit voller Absicht in die Kniekehlen zu rammen oder die Kassiererin anzupflaumen, hat das bezahlt, hat das in den Kofferraum getan und ist heimgefahren, hat das aufs Sofa gelegt und überm Sofa montiert, und bald darauf musste sich ein Langer keinen einzigen Gedanken darüber machen, wie schön es wäre, wenn er zum Lesen ein Licht und Kissen hätte. Weil er hatte es. Dasselbe gilt für Vorratsgläser, Servietten, Schmortöpfe, Besteckkästen, Kindermatratzen, Lattenroste, Spannleintücher und Duschvorhänge: Es ist nicht schlecht, wenn sich jemand überlegt hat, dass es schön wäre, wenn sie da wären, wenn man sie braucht.

Stattdessen brülle ich: Mensch, Langer, du Depp, reiß dich ein bisschen zusammen, wir sind eh gleich durch! Und sei froh, dass du dich nur darum kümmern musst, dass du am Land auch sicher deinen feschen kleinen Übungsverstärker parat hast, was ja der zentrale fack Einrichtungsgegenstand für ein Familien-Wochenendhaus ist! Verdammt!

An der Kassa kann ich gerade noch das Wagerl abfangen, das der Lange der Frau vor uns in die Kniekehlen rammen will, übernehme die gesamte Kommunikation mit der Kassiererin und ordne das Gekaufte im Auto so an, dass ich schlussendlich doch noch mitfahren kann, was der Lange eigentlich nicht mehr vorgesehen hat. Du wolltest schließlich unbedingt die unnedigen Lattenroste für die Kinderbetten, jetzt schau, wie du heimkommst. Jaja, lass mich das machen, ich dich auch.

# Irgendjemand muss sich darum kümmern

Wieder Stadt. Und fängt ja gut an, denn die Pfeifen aus dem dritten Stock haben inzwischen den Aufzug ruiniert, fanden es aber unnedig, wegen so einer Kleinigkeit die Hausverwaltung zu informieren. Sechs mal sechs Stockwerke mit Gepäck: sehr gesund – vor allem nach einem Monat Bier, Brot, Speck, über offenem Feuer verbrannten Käsekrainern im Dutzend und seriellem Nudelessen. Das Landleben ist punktuell gesund: spitzenmäßiger Frischluftfaktor, aber ernährungsmedizinisch eher im bedenklichen Bereich. Das muss jetzt anders werden. Dafür gibt es zahlreiche Gründe, über die ich nicht sprechen möchte, plus sind die Mimis ab sofort Schulmimis.

Das Wochenende verbrachten wir damit, in der Stadt die letzten zwei verstaubten Schultüten aus einem Schaufenster heraus zu erobern, weil Schulantritt ohne Schultüte ist heutzutage undenkbar, und mit einer selber gebastelten Schultüte zu erscheinen gilt unter Schulbeginnern, wie mir die Mimis erklärten, während sich in ihren Augen Tränen der Enttäuschung zu Glühbirnengröße aufbliesen, als eine Schmach, die in ihrer zarten Kinderseele bis minimum Matura untilgbare Flecken hinterließe. Die Mimiseelenunversehrtheit kostet mich Euro 25,80, die Füllung der Monsterstanitzeln nicht eingerechnet, aber mit mir kann man's ja machen. Danach pickten wir stundenlang winzige Etiketten mit den Namen der Mimis auf jeden einzelnen

Blei-, Bunt-, Wachsmal- und Filzstift, das muss man heute, die Lehrerinnen haben's in ihren teilweise mehrseitigen Manuals, was für die erste Klasse zu besorgen sei, ausdrücklich befohlen.

Und, apropos Ernährung, wir testeten, wie das in gesunden Familien zu Schulbeginn gang und gäbe ist, gesunde Jausen, mit dem Ergebnis, dass die Mimis nun montags, mittwochs und freitags Salamivollkornbrote mit Gurkerl und dienstags und donnerstags Salamivollkornbrote mit Gurkerl schuljausnen werden. Mehr Diversifizierung ins Gesunde ist nicht drin, die anderen acht Probebeläge waren nämlich, so die Mimis, einem Schulkind absolut nicht zumutbar. Eventuell noch eine Traube und ein winziges Streiferl Karotte dazu, okay. Nein, den Thunfischaufstrich probier ich nicht, ich bin ja nicht lebensmüde. Nein, Avocado auch nicht. Käse?! Topfen mit frischen Kräutern?!? Spinnst du? Nein, koste ich sicher nicht. Nein, auch nicht, wenn ich dafür Schokolade bekomme. Nein, ich geh jetzt in mein Zimmer und heule dort so lange laut und elendiglich, bis mein guter Vater sich erbarmt und mir die Schokolade auch ohne vorangehende Makrobiotikfolter verabreicht. Aber immerhin: Sie hätten auch das Gurkerl ablehnen können. Läuft doch super.

# Hier drängen sich ein paar Fragen auf

Es fielen in der ersten Schulwoche Entscheidungen. Erstens wählte ein Mimi für den ersten Schultag ein blumengemustertes Frotté-Kleid, das die Hofingerin, 42, im Alter von fünf Jahren sehr, sehr oft getragen hat, weshalb es ihre Mutter sehr, sehr oft gewaschen hat. Auch das andere Mimi bediente sich in den frühen Neunzehnsiebzigern und entschied sich zum Schulantritt für ein schwarzes Leiberl mit dem Bildnis eines weltberühmten Drogentoten, von uns gegangen 1971 mit einer Überdosis Heroin. Die Horwathin hat ein bisschen geschaut. Zweitens entschied sich das eine Mimi dafür, am Religionsunterricht teilzunehmen, während das andere Mimi – Gott gibt's ja gar nicht, ist doch alles nur ein Märchen – zum Religiösen ein kritisches Verhältnis pflegt. Vor ein paar Wochen fand zu diesem Thema im Waldviertel zwischen dem Horwath und mir ein kleiner Disput statt, die Breussin beliebte, es einen «kolossalen Streit» zu nennen, aber Horwath und ich sehen das gelassener. Weil der Horwath sagt, bei einem korrekten Streit ginge ja die eine Seite auf die Argumente der anderen Seite ein, und ich sagte, ja, wenn es ein Argument ist, aber das war kein Argument, das du da vorgetragen hast, das war geistesgestört. Siehst du, sagt der Horwath. Es wäre jetzt zu kompliziert, die Sache zu erklären, aber der Horwath wählte ein außerordentlich drastisches Bild, um klarzumachen, wie er, der sonst mit dem kleinen Horwath einen derart liberalen Umgang pflegt, dass er selbst das Wort «Erziehung» engagiert ablehnt, nicht einmal im Traum daran denkt, sein Kind selbst entscheiden zu lassen, ob es in Religion will oder nicht. Religion und alles Religiöse lehnt der Horwath umfassend ab. Religion kommt für den Horwath und somit auch für den kleinen Horwath nicht in Frage, und das, obwohl sich der kleine Horwath in erheblichem Maß für Religion interessiert. Was freilich wiederum damit zu tun haben könnte, dass der Horwath das Badezimmer seines Landhauses mir Dutzenden alten Bildern von nicht durchwegs glücklich dreinschauenden Heiligen quasi zutapeziert hat. Und während ein Kind am Klo sitzt und auf diese Heiligen blickt und die Heiligen auf es, drängen sich dem Kind natürlich ein paar Fragen auf. Die der Horwath aber auf keinen Fall von einer Religionslehrerin beantwortet wissen will.

Drittens entschied sich das eine Mimi dann doch gegen die Religion; und zwar ganz ohne mein Zutun. Aber das ist mir, marantjosef, eher sehr recht.

# Verbieten bringt doch nichts

Zwei Wochen lang fanden die Kinder die Schule supsi: neu, spannend, interessant, uraufregend. In der dritten wurde ihnen klar, dass das jetzt immer so sein wird. Immer so früh aufstehen, immer rechtzeitig da sein, immer vier oder fünf Stunden Unterricht und danach immer Hausaufgaben. Das ist jetzt ein Schock für sie. Macht sie muffig, patzig, aggressiv, und wenn man einmal die Stimme auch nur einen halben Millimeter erhebt, fangen sie hysterisch an zu heulen, aber so hysterisch. Dabei sind sie Lautstärke gewohnt, bei uns sind alle laut, aber jetzt muss man als Erziehungsberechtigte ganz leise sein. Ganz sanft. Meine Mutter sagt, das schadet nichts, das senkt euren Gebrüllpegel endlich ein bisschen. Dass ich vom Hinunterschlucken von dringlich veräußerungswürdigem Hochdruckgekeppel wahrscheinlich ein Magengeschwür kriege, ist ihr wurscht. Und die Mimis geben mir zu Gekeppel vielerlei Anlass: Ess ich nicht, trink ich nicht, mach ich nicht, will ich nicht, zieh ich nicht an, räum ich nicht auf. Nein, nein, nein, nein – wenn man überhaupt eine Antwort kriegt. Eine der Mimis hieß mich gestern dumme Kuh, das hätte sie früher nie gemacht, ich bin bitte ihr Idol, und ich habe sie, wie ich es von einer TV-Debatte habe, hypnotisch angeflüstert: Wenn ich das noch einmal höre, gibt's kein kein kein … kein irgendwas, du wirst es jedenfalls bitterlich bereuen, ja. Die Schule macht uns fertig. Führt dazu, dass ich mir Sanktionen ausdenken muss. Aber wie sanktionierst du Kinder, die sowieso nicht computerspielen dürfen.

Computer, by the way, Abt. Gameboy: Es gibt im Hort einmal im Monat einen Gameboytag, da dürfen alle, die einen haben, ihren Gameboy mitbringen, und alle, die keinen haben, wollen am Abend auch einen. Ich habe beim Elternabend gesagt, wenn ich einmal etwas sagen darf, ich bin unheimlich dagegen. Alle anderen schauten nicht mal hoch, nächster Punkt. Ich sagte noch einmal, ich bin übrigens strikt gegen den Gameboytag, und da erbarmte man sich meiner und erklärte mir in mitleidigem Ton, wie wichtig es sei, die Kinder einen vernünftigen Umgang mit modernen Massenmedien zu lehren. Gehöre nun mal zum Alltag; verbieten bringe nichts. Verbieten bringt wohl was, ich verbiete seit Jahren mit großem und anhaltendem Erfolg und beabsichtige nicht, mein Konzept zu ändern, was durch den Gameboytag allerdings massiv verkompliziert wird. Im Gegenzug werde ich beim nächsten Elternabend vorschlagen, auch einen monatlichen Drogenprobiertag einzuführen, an dem die Kinder ihre Zigaretten und Alkopops mit in den Hort bringen dürfen, was ich circa gleich schädlich finde wie Computerspielen. Und sie kommen ja eh früher oder später in Kontakt damit, besser man lehrt sie rechtzeitig einen vernünftigen Umgang mit dem Zeug. Verbieten bringt doch nichts.

Und Sie brauchen jetzt gar nicht zu sagen, dass die Kinder ihren Hang zum Hysterischen schon irgendwo herhaben … Ich habe schon eine Mutter, die mir revanchistische Referate hält, herzlichen Dank.

# Schön sprechen, Kleiner!

Permanent muss man aufpassen, dass die Kinder nicht mit irgendwelchen völlig degenerierenden Medien und Medienprodukten in Kontakt kommen: Es ist total nervig. Am Samstag am Land schaffen wir es endlich, einen Tisch in einem der Handvoll akzeptablen Gasthäuser im Waldviertel zu bekommen; gemeinsam mit den Polzes und den Horwaths und den Hofingers, die auf Besuch sind, und wir müssen nicht einmal die Kinder mitnehmen, weil der Nachbarsvierzehnjährige hat sich zum Babysitten überreden lassen. Vierzehnjährige brauchen ja immer Geld. Leider beginnt der Abend suboptimal; denn der kleine Horwath ist ein liebes, nettes Kind, solange er seinen Willen bekommt. Wenn nicht, nicht. Zum Beispiel ist es nicht der Wille des kleinen Horwath, dass während der Eltern-Abwesenheit «Bullerbü» geschaut wird, weil er der Ansicht ist, «Bullerbü» sei etwas für Babys und kleine Mädchen; der kleine Horwath ist härteren Stoff gewohnt. Und der kleine Horwath ist gewohnt, dass geschieht, was er bestimmt, bloß steht es diesmal drei zu eins für «Bullerbü». Der kleine Horwath hat eine sehr niedrige Frustrationstoleranz: Ich muss erst einmal in die Knie gehen und ihm mit großer Eindringlichkeit klarmachen, dass er zu mir sicher nicht «Blödmann» sagt. (Früher, als der kleine Horwath drei oder vier war, bebrüllte er den jeweiligen Diskursgegner als Seistwodl: Schön sprechen, Kleiner, das heißt Scheißtrottel, und das sagst du auch nicht zu mir.) Es ist aber unwahrscheinlich, dass er mich hört, weil er gerade sehr viel Blut im Kopf hat, das rauscht in den Ohren, und die Mimis fangen auch noch an zu weinen, weil das Gederwische und Gekreisch des kleinen Horwath sie erschreckt.

Deshalb auch «Bullerbü»; die Mimis haben eine sehr niedrige Gewaltaffirmationstoleranz, medial und real, und als sie im Sommer einmal, eh gegen meine Überzeugung, «Harry Potter» geschaut haben, weil die Mosers gesagt haben, das wäre ein total harmloser Babyfilm, den auch ihre dreijährige Tochter schon schaut, brachen sie danach spontan in Tränen aus und hatten nächtelang Albträume. Und ich verstehe das überhaupt nicht und werde das nie verstehen, warum aufgeklärte Eltern ihre kleinen Kinder bewusst solchen Bildern voller Bedrohung und Gewalt und Angst aussetzen. Ich bin ein großer Fan der netten Harmlosigkeiten von «Bullerbü» und beabsichtige, es zu bleiben.

Ein paar Drohungen der Horwathin später ist auch der kleine Horwath «Bullerbü»-Fan, der Nachbarsbub hat die DVD und vier Telefonnummern schon in der Hand und ist über Allfälligkeiten instruiert. Wie wir drei Stunden später heimkommen, sitzen alle Kinder um des Nachbarsbuben Laptop (der vorher noch nicht da war), und als ich das Zimmer betrete, sagt der kleine Horwath gerade zum Nachbarsbub: «Kannst du den noch schnell töten?» Nein, kann er nicht. Weil jetzt ist erst einmal er dran.

# Wir haben noch genug andere Zimmer

Wenn die Kinder noch einmal «Feliz Navidad» auf ihren Puder-Bär-Casios spielen, entleibe ich mich. Ich weiß nicht, woher sie diese Besessenheit haben; aber sie muss jeweils über ein saisonal oder kulturindustriell vorgegebenes Ereignis gestülpt werden, aktuell: Weihnachten. Unsere Wohnung wird von einem Adventkranz geziert, unzähligen Kerzen und Sternen plus einem bereits fixfertig geschmückten Christbaum, den, auf Wunsch des Bubenmimis, die ganze Familie an Tag eins des Wiener Christbaumverkaufs in einer ausgeklügelten Zeremonie gemeinsam aussuchen und dann singend nach Hause tragen musste. Das Kind hat, abseits seines Fußballwahns, eine stark idyllische Ader.

Ossi, mein alter Zürcher WG-Kumpel, hat das noch vor sich: nicht nur ehemalige Arbeitskollegen (neun), auch ehemalige Mitbewohner (jetzt: zwei) zeigen eine auffällige Tendenz, ebenfalls Zwillinge zu bekommen; Ossis Zwillingsmädchen kommen im April zur Welt. Es spricht aus seinen Mails die übliche, präparentale, geistesgestört verklärte Ahnungslosigkeit: Er hat keinen Tau, was auf ihn zukommt, weiß aber mit Sicherheit, dass es überhaupt kein Problem wird. Ich erkläre ihm vorsichtig, dass er sich die ersten drei Jahre sogar die Zeit, die er zum Atmen braucht, gut einteilen wird müssen und er sich weitere drei Jahre später wegen anhaltender Weihnachtsliedfolter harakirien wird wollen, aber das hört er gar nicht. Hat er auch recht, bringt ja nichts. Immerhin ist er realistisch genug, mir seinen Maserati zum Kauf anzubieten; weil dafür hat er vorläufig tatsächlich keine Verwendung. Obwohl ich ihm vielleicht erzählen sollte, dass einer der neun Arbeitskollegen einen Ferrari mit zwei Kindersitzen fährt.

Und ja, wir könnten ein neues Auto brauchen: Unseres hat ein Problem beim Starten. Einen Wackler in der Zünd-Elektronik, was weiß ich. Für das Auto ist der Lange zuständig, und er könnte es in eine Werkstatt bringen und das Problem beheben lassen, aber aus irgendeinem, vermutlich finanziellen Grund widerstrebt ihm das. Wir machen es jetzt einfach so, dass wir das Auto nur noch auf abschüssigen Straßen abstellen oder dort, wo verlässlich Leute in der Nähe sind, die beim Anschieben helfen können. Der Lange kennt mittlerweile alle Tankstellen zwischen Wien und Waldviertel mit einer Neigung von plus zehn Prozent, und er findet, damit ist es gut. (Wenn es bei uns in einem Zimmer schlecht röche, würde der Lange ein Dutzend Mal anmerken, dass es in dem Zimmer schlecht riecht, und schließlich zum Baumarkt fahren, Abdichtklebeband oder Silikon kaufen und das Zimmer von außen luftdicht verschließen. Wir haben ja noch genug andere Zimmer.)

Apropos, in puncto Kulturtechniken und Besessenheit befinden wir uns gerade in einem Experiment, wie oft sich Sechsjährige «Kung Fu Panda» anschauen können, bevor ihnen das zu fad wird. Bislang können wir sagen: Nicht vor dem 8. Mal. Versuch 9 verschafft uns soeben eine lebenserhaltende Pause von «Feliz Navidad». Merci, Po, merci bien.

# Wie ich bald ein besserer Mensch werde

Einmal mehr werden meine Toleranz und meine liberale Grundtendenz von zwei Sechsjährigen tüchtig strapaziert. Die Mimis wollen so eine Haube, wie sie der Joey und der Joel und sogar der Franz auch haben, so eine, die aussieht, als würden oben dicke Haare herauswachsen. Die Proll-Haube schlechthin also, und ich habe gesagt, was eine tolerante, tendenziell liberale Mutter in einer derartigen Situation sagt, ich habe gesagt: Nie. Im. Leben. Und dass das überhaupt nicht in Frage kommt. Und wie absolut beschissen diese Hauben aussehen. Und richtig, beschissen darf man nicht sagen, und auch deshalb brauchen wir gar nicht länger darüber reden. Und zwar selbst dann nicht, wenn es die Oma, mit der sich die Mimis geschickt auf ein Packerl gehaut haben, finanziert. Und auch dann nicht, wenn sie es aus ihrem eigenen Sparschweingeld bezahlen. Und nicht einmal dann, wenn ich mir jetzt jeden Tag anhören muss, was für eine herzlose, egoistische Mutter ich bin, die die Grundrechte ihrer Kinder auf selbstbestimmtes Aussehen beschneidet; das ist immer noch weit weniger schlimm, als wenn ich mich jeden Tag grausen und genieren muss, wenn ich meine Kinder mit diesen Hauben sehe.

Dabei ist es mir im Prinzip einerlei, was sie anziehen, solange es im Rahmen der klimatischen Vorgaben stattfindet, also keine Glitzerballerinas bei Schneelage und keine Schipullis bei Temperaturen über dreißig Grad, selbst wenn es sich jeweils um das einzige Kleidungsstück handelt, in dem ein Kind in Würde vor seine Schulkameraden treten kann. Und keine Leiberl, die in Bauchmitte aufhören, aber das ist meine Schuld, weil ich es nie schaffe, das zu kleine Zeug rechtzeitig auszusortieren. Es ist einer der Vorsätze fürs neue Jahr, ein wenn schon nicht ordentlicher, so doch ein Mensch zu werden, der allen Ballast von sich und seiner Familie ab- und aus seiner Wohnstatt wirft, sich immer auf der Stelle von allem losmacht, das nicht gebraucht wird, und es umgehend guten Zwecken oder der städtischen Müllabfuhr zuführt. Was unsere Wohnung um gute 25 Quadratmeter vergrößern würde.

Allerdings handelt es sich dabei um den guten Vorsatz der letzten 15 Jahre mit bislang unterdurchschnittlicher Erfolgsbilanz. Immerhin habe ich kürzlich eine Tonne Spielzeug aussortiert, für das die Mimis längst zu groß sind, leider steht es jetzt seit drei Wochen vor der Tür und wartet darauf, dass ich es endlich dem dafür vorgesehenen guten Zweck zuführe. Was, wie ich glaube, einer der Gründe dafür ist, dass ich seit gestern mit brutalen Rückenschmerzattacken zu kämpfen habe. Das Unerledigte, so lernte ich es von meiner Osteopathin, konzentriert sich bei mir in der Wirbelsäule: Andere machen über das Unerledigte lustige Prokrastinationswitze und schreiben heitere Wie-mogle-ich-mich-durch-Ratgeber; ich komme nicht mehr vom Sessel hoch. Aber sobald ich wieder aufstehen kann, erledige ich das und werde ein besserer Mensch, ja, doch, gewiss.

# Es wird dir gefallen

Wie ich aus dem Bett gehüpft bin, hat es mich gleich längelang auf die Gosche gehauen, und ich habe mir das Knie aufgeschlagen. Was erstens daran lag, dass ich mir tags zuvor schön die Füße geraspelt hatte, und jetzt babypopschzarte Füße plus glatter Parkett, gemma. Zweitens war eiliges Eingreifen vonnöten, ich musste nämlich sehr schnell um die Bett-Ecke und aus dem Schlafzimmer bohren und das Schlimmste verhindern, weil ich gerade gehört hatte, wie der Lange dem einen Mimi sagte, na gut, wenn es denn so gar nicht mag, braucht es nicht in die Schule zu gehen. Das Mimi war fast die ganze Woche krank und erst einen Tag wieder in der Schule gewesen und hatte festgestellt, dass es, obwohl Schule nicht schlecht, wesentlich mehr Spaß macht, den ganzen Tag im Bett zu liegen und Filme anzuschauen. Nun war das zweite Mimi, das die ganze Woche in der Schule gewesen war, abends zuvor auch krank geworden und würde nun, um Mutter die Erwerbsarbeit zu ermöglichen, den ganzen Tag im Bett liegen und Filme schauen müssen. Da fand das erste Mimi, es sollte das Herz seines Vaters mit ein wenig bitterlichem Geschluchze erweichen, was gelang. Leider rechnete es nicht mit dem leichten Sieben-Uhr-Früh-Schlaf seiner Mutter.

Hatte es auch keinen Grund dazu. Schließlich hatte sich die Mutter abends zuvor Richtung Austrofred-Buchpräsentation aus der Wohnung entfernt, mit dem Langen, mit

Lippenstift, Stöckelschuhen und den Worten, wehe, man lasse sie morgen nicht ausschlafen, wehe, ein Kind käme, wie letztens nach dem Auflegen im rhiz auf die Idee, nicht zur Schule gehen zu können, ohne zuvor an der geliebten Mutter gerüttelt und ihr einen innigen Abschiedskuss auf das stinkende Maul gedrückt zu haben. Die Oma ist eh da, also: WEHE!!!!

Aber jetzt wieder nix; sondern mit blutigem Knie und brutalem Schädelweh aussi, den Langen fragen, ob er deppert geworden ist, und dem heulenden Kinde sanft, aber eindrücklich Informationen über die allgemeine Schulpflicht in diesem Land nahebringen, die es nun einmal verbietet, einfach zu Hause zu bleiben, weil man gerade keine Lust hat. Buhuhu. Und warum, buhuhu, darfst du dann liegen bleiben? Wie du siehst, darf ich eh nicht. (Dafür hatte sich der Lange aus gekränkter Vater-Eitelkeit wieder ins Bett zurückgezogen und schnarchte bereits weiter.) Komm, du ziehst dich jetzt an, und am Nachmittag, wenn du heimkommst, habe ich eine Überraschung für euch. Was für, schluchz, eine, schluchz, Überraschung? Sag ich nicht, siehst du dann, aber es ist eine gute, und sie ist DVD-förmig.

Auch das habe ich bereut. Schon nachmittags um vier musste ich die Antwort auf die um zwei gestellte Frage, ob in «Mamma mia!» Monster vorkommen, vollumfänglich revidieren, weil: Ja, es kommen in «Mamma mia!» doch Monster vor, ganz, ganz schlimme Monster. Ich werde jetzt, suupapa, truupapa, in einem ABBA-Umerziehungslager festgehalten; und das Knie schmerzt übrigens immer noch.

# Die Bekehrung der Bekehrten

Neuer Plan. Die Mimis kriegen den Nintendo DS mit acht oder zehn oder nie, sondern zum siebenten Geburtstag. Das beruht keineswegs auf innerer Überzeugung oder neu gewonnener Einsicht, sondern ich weiche dem Druck all der anderen, vollkommen verantwortungslosen Eltern, die ihren Kindern längst Nintendo DSes gekauft haben und die jetzt meinen Kindern mit den Benefizien mehr oder weniger verkofferter Computerspiele das Hirn nachhaltig verbrennen. Wochenlang habe ich nichts anderes gehört als Nintendo DS, Nintendo DS und Mario Kart und Pokemonfürnintendo, und dass es übrigens auch ein Jamie-Oliver-Kochkurs-Spiel gebe, das sei ja wohl überhaupt nicht deppert, den ganzen Scheiß, früh bis spät, und das gebe es jetzt auch in Rot, so schön!, und kriege ich dann auch eins, vielleicht mit acht?, zum Geburtstag?, kriege ich?, kriege ich?, bittebittebittebittebittebitte!, und jetzt kann ich einfach nicht mehr. Der Lange auch nicht. Man wird es zeitlich beschränken. Sie dürfen aber nicht jeden Tag. Zwei Spiele pro Kind, und aus. Und für die Fahrten ins Waldviertel ist es sicher ganz praktisch. Undundund. So weichgedögelt sind wir, dass wir uns jetzt schon Gründe überlegen, warum das Klumpert auch noch gut sein soll, und in Wirklichkeit sind wir einfach alt und haben die Nerven nicht mehr. (So viel dazu, dass man das Richtige tun muss: Meistens sagen einem jetzt die Sechsjährigen, was richtig ist, so lange und hochfrequent, dass mans schließlich glaubt.)

Apropos richtig, falsch und ins Hirn einigedingst: Als Folge der Folge der Folge von war es am Sonntag notwendig, wieder einmal mit der Nikotin-Entwöhnung zu beginnen. Ist es nicht schön, wenn die schlimmsten Eiferer, die eiferndsten Bekehrten wieder Gefallen an ihren alten Lastern finden? Was heißt: wieder so voll hineinkippen, dass schon nach wenigen Wochen erneut ein Entzug notwendig wird. Nach mehreren schlaflosen Nächten, in denen mich verzweifelte, echoverzerrte Kinderstimmen («Davon wird man touhouhout!») peinigten und ich mir ein Lungenkarzinom in seiner ganzen, grausigen Schönheit imaginierte, besorgte ich mir Nikotinkaugummi, Geschmacksrichtung Freshmint. Die armen Mimis, die davon nicht einmal etwas ahnen, weil ihnen Mutter ihren Rückfall in die Sucht aus Moralpredigtvermeidungsgründen («Davon wird man toooooot!!!!») verheimlichte, werden nun ein paar Tage lang übel angegrantelt werden. Der Lange auch, aber da trifft's wenigstens keinen Falschen.

Der Lange raucht heimlich auch schon längst wieder, besitzt aber offenbar ein Suchtkontrollgen, das es ihm erlaubt, zwischendurch jeweils tagelang ohne Zigarette überleben zu können. Dieses Gen fehlt mir, wie ich nach sieben Jahren totaler Nikotinfreiheit, die auf zwanzig Jahre totale Nikotinsucht gefolgt war, erneut erfahren durfte. Und Sie werden gleich die Folgen davon kennenlernen, wenn Sie mir jetzt also bitte lieber aus dem Weg gingerten, ich bin gerade gar nicht gut drauf.

## Kleiner Exkurs über die Würdelosigkeit

Stellen Sie sich eine erwachsene Frau vor, die morgens um acht ungeduscht und mit anthrazitgrauen Augenringen vor ihrer Wohnungstür sitzt. Mit der einen Hand drückt sie mit ungefähr 130 beats per minute auf die Klingel, mit der anderen raucht sie und haut periodisch den Ellenbogen gegen die Wohnungstür. Es macht einen Höllenlärm. Sie hört es, das ganze Haus hört es, die angrenzenden Teile des Nachbarhauses hören es, der Lange hört es nicht. Der Lange schläft.

Die Mimis haben den Langen in der Früh auf eine Weise vorgefunden, die ich jetzt nicht näher erläutern möchte; andererseits haben sie es in der Zwischenzeit verlässlich voller Begeisterung der ganzen Schule erzählt. Der Papaaa! Der Lange hat in der Nacht davor im Flex aufgelegt und deshalb die Lizenz zum Schlafen. Die Mutter, die sich um halb drei in der Früh im Rabenhof vom Direktor des Rabenhofs, vom Austrofred, von einem lebensfrohen Fotografen und von noch ein paarn, die auch ausschlafen durften, verabschiedet hatte: nicht. Die Mutter ist nach ungerechten drei Stunden Heia aufgestanden, hat den Mimis und dem Babysitter Frühstück und eine ernährungswissenschaftlich wertvolle Jause gemacht, hat den Langen ins Bett geschimpft, die Mimis mit Anzieh-Befehlen terrorisiert, Zöpfe geflochten, Mitteilungshefte kontrolliert, das Zeug fürs Hort-Eislaufen am Nachmittag zusammengesucht und dann die Wohnung verlassen, um die Mimis pünktlich zur Schule zu bringen, mit dem Plan, danach um-ge-hend wieder das Bett aufzusuchen.

Leider habe ich vergessen, den Schlüssel vom Langen innen abzuziehen. Jetzt sitze ich vor der Tür und lerne, dass Türklingeln nur eine begrenzte Zeit klingeln, denn nach exakt einer halben Stunde Dauerklingeln stellt die Klingel ihren Betrieb für immer ein. Ich trete weitere zehn Minuten gegen die Tür. Der Lange schläft wie ein Stein. Nein, der Lange schläft wie ein Toter. Nein, der Lange schläft wie zwei Tote. Er wacht auf, nachdem ich vor dem Haus von einem Fuß auf den anderen getreten und dabei meinen Finger weitere zehn Minuten auf der Hausglocke affichiert habe. Alle Nachbarn hassen mich. Ich würde mindestens eine Woche lang nicht mit dem Langen reden, wenn mir das Goschnhalten gegeben wäre.

Es ist natürlich würdelos. Aber wissen Sie, wir müssen so leben, wenigstens ein paar von uns. Man erwartet das von uns Kreativwirtschaftlern, das gehört zu unserem Jobprofil. Wir sind Stellvertreter, wir müssen, damit die sich noch besser fühlen, repräsentativ für den weniger aufreibend alternden Teil der Bevölkerung hin und wieder diesen würdelosen Twentysomethinglebensstilscheiß weitermachen, bis weit in die Fünfziger hinein. Wenn die Kinder dann aus dem Haus sind, ziehen wir eh aufs Land, hüten Ziegen, werden wunderlich und fallen nicht mehr ungut auf. Aber so was muss man sich verdienen, ja.

# Und mach die Tür hinter dir zu

Am Dienstag wollte ich zur Vernissage von der Frau Wildauer gehen. Babysitter organisiert, mit einer Freundin ausgemacht, alles. Ich wusch mir in der Früh die Haare, und die waren dann so fluffig und ganz abnormal ansehnlich, dass ich mir die Frisur nicht mit einer Haube ruinieren wollte. Ich radelte also ohne Haube ins Büro und ging dann nicht zu der Vernissage, weil ich den Abend doch lieber mit hundert Schnäuztüchern, einem Thermophor und einem Fieberthermometer im Bett verbrachte. Aber ich hatte dabei die Haare sehr schön.

Immerhin musste ich wegen Heiserkeit auch nicht mit meinem Kind herumstreiten, das mit sechseinhalb in die Pubertät gekommen ist und nicht mehr mit uns spricht. Also noch weniger mit uns spricht als vorher schon nicht. Es schmust nicht mehr, es will nicht mehr gekitzelt werden, es will nur noch in seiner Hängematte liegen und ganz für sich und ganz laut «Was-ist-was»-CDs hören, und wenn ich ihm zwischendurch eins von Schiepeks hübschen Melamintellerchen mit einem Buttertöstchen ins Zimmer stelle, brummt es: Hm, und jetzt geh wieder. Und mach die Tür hinter dir zu. Zuweilen kuschelt es sich an mich und drückt mir warme Küsse auf die Backe, dann will es außerhalb der verabredeten Zeiten einen Film anschaun. Wenn sich diese Investition nicht lohnt, reduziert es den Kontakt wieder auf böses Geschau und pampigen Befehlston. Jetzt heult es gerade «Papa, du verlangst zu viel!», und zwar, weil der Lange nicht und nicht einsehen will, dass alle zwei Wochen Baden völlig reicht.

Ich will nicht undankbar sein, aber andere Eltern haben nettere Kinder. Und oft zudem noch begabtere. Wo immer wir derzeit hinkommen, haben Eltern nette, begabte Kinder, die auf dem Klavier unaufgefordert fehlerfreie kleine Etüden spielen, anstatt gemein zu ihren Eltern zu sein. Na gut, es sind auch welche darunter, die vorher und nachher gemein zu ihren Eltern sind, wofür die Etüden aber immerhin irgendwie entschädigen. Was habe ich? Ich habe zwei Kinder, die sich an den Gastgeber-Tisch setzen und sagen, es tue ihnen leid, aber jedes der angebotenen Gerichte sei auf seine spezielle Weise grauslich und ungenießbar, Verzehren oder auch nur Probieren sei ganz ausgeschlossen. Nein, stimmt nicht, das tut-mir-leid lassen sie weg, sie sagen nur das mit dem ungenießbar und dem grauslich.

Auch im Unterschied dazu haben andere Eltern Kinder, die ihnen permanent Anlass geben, verzückt über diese zu sprechen, ungefragt zu betonen, wie gut sie dies und das können, diese Eltern zeigen auf ihr Kind und rufen: Ist er nicht süß? Ure. Dabei sind meine Kinder schon auch süß, auf ihre ganz eigene Weise, und deppert sind sie auch nicht, sie können auch Sachen total gut, aber das Verklären von Kindern ist, finde ich, eher eine Oma-Disziplin. Ich komme ja mehr vom Sudern; und das, bei dem Weg, können meine Kinder absolut prima. Plus, sie haben sehr schöne Haare; das haben sie von ihrer Mutter, ja, genau.

# Zu Lasten der Herkunftsfamilie

Jetzt hat eins der Mimis zweimal bei meiner Freundin Anna übernachtet und ist darob zu der Erkenntnis gelangt, dass Elternschaft ein soziales Konstrukt ist. Anna, deren Sohn schon aus dem Haus ist, steht den Bedürfnissen kleiner Mädchen extrem aufgeschlossen gegenüber: Man darf bei Anna schon zum Frühstück fernsehen, spätnachts mit dem Handy für den favorisierten Dancing Star voten, Schokolade essen, bis man in ein glykolisches Koma verfällt, und wird in Milch und Honig gebadet. Die Anna sagt nie Sachen wie: jetzt nicht, geht's noch?, räum dein Zimmer auf, zieh dich endlich an, dann gibt's aber keinen Nachtisch, komm Flöte üben und beeil dich. Es ist dem Mimi klar, dass sein Wunsch, ganz zu Anna zu übersiedeln, vermutlich abschlägig beschieden würde, deswegen hat es jetzt realistischer verankerte Sorgerechtsverhandlungen aufgenommen: Wenn es ein- oder zweimal pro Woche bei Anna übernachten würde, würde das das Verhältnis zwischen ihr und der Herkunftsfamilie doch sehr entlasten, das wäre doch für alle das Beste, da hätte doch jeder etwas davon. Geht's noch? Und jetzt räum endlich dein Zimmer auf.

Immerhin glaube ich jetzt zu wissen, was des Mimis Frühpubertät ausgelöst hat: dass wir es an das Schulsystem verraten und ausgeliefert haben. Dass wir den bösen Drachen Schule nicht mit güldenen Schwertern und unter Einsatz unseres nackten Lebens von unserem Kinde abgewehrt, sondern ihm dieses zum Fraße hingeworfen haben. Ich fürchte, das hat das Mimi'sche Grundvertrauen in unsere Komplizenschaft stark erschüttert. Zur Strafe lässt es seine Hausaufgabenhefte in der Schule liegen, weil nicht gemachte Hausaufgaben natürlich nicht dem Kind angelastet werden, sondern den innerlich verwahrlosten Eltern. Das andere Mimi will auch nicht in die Schule, verarbeitet diese Tatsache aber mit weniger rebellischem Potenzial. Dabei ist es ja nicht so, dass es ihnen in der Schule nicht gefällt. Sie tun sich auch nicht schwer. Sie wollen nur nicht hin.

Der Fink wiederum fühlt sich von seiner Dreijährigen verraten. Es gäbe im Kindergarten seiner Tochter so viele nette Kinder aufregender und geiler Mütter, sagt der Fink, und wen hat sich das Kind zum Freund erwählt: den Justin. DER JUSTIN!, heult der Fink, AUSGERECHNET DER JUSTIN!

In dieser Hinsicht haben wir mit unseren Kindern mehr Glück. Wann immer eins der Mimis von einem der neuen Schulfreunde zum Geburtstag geladen wird, holen wir es hernach in Wohnungen ab, in denen man nicht von frostiger Pathologie-Atmosphäre oder exakten Kopien von Schöner-Wohnen-Trend-Dekos in die Flucht geschlagen wird. Nein, wo immer es uns hinverschlägt, verweilen wir auf ansprechend zerkratzten Fußböden, zwischen sich stapelnden Büchern und dekorativ herumlehnenden Stromgitarren gern auf alten Stühlen. Keine Justins, nirgends, nur unzickige Eltern, die einem, ohne lang zu fragen, den Teller oder das Glas noch einmal bis zum Rand füllen. Wenn bloß alles an dieser ganzen Schulsache so einfach wäre: halleluja.

# Die Karmapolizei müsste einschreiten

Am Freitag in der Früh habe ich mich über ein deppertes Mail so geärgert, dass ich drei stinkwütende Mails retournierte, worauf ich naturgemäß von etwa neun Hassmails betoniert wurde. Das passiert, wenn man sich schon um sechs Uhr früh zwischen gerechtem Zorn und buddhistischer Gelassenheit entscheiden muss. Um sieben, nach dem Kaffee, weiß man dann eh, dass man zuerst den Kaffee trinken, die buddhistische Gelassenheit wecken und dann auf das Mail nicht antworten sollte, aber tralala, zu spät. Natürlich vergiftet einem der frühe Zorn den ganzen Tag: Er macht, dass im Semmerl der falsche Leberkäs ist. Er macht, dass die Kinder im Auto aggressiv sind, weil eh, wie man in die Rückbank hineinruft, so schallt es heraus. Und er macht, dass im Waldviertel das Wasser nicht geht, und nicht nur nicht geht: Es zerstört sich, während das Anstellen des Wassers misslingt, der Handpumpbrunnen vor dem Haus, und ohne den fließt im Haus kein Wasser. Haben Sie schon einmal einen Handpumpbrunnen repariert? Ich auch nicht. Es ist Freitagnachmittag, die Installateure sitzen schon in ihren warmen Whirlpools. Man wird auch dieses Wochenende, an dem man acht Leute zum Schweinsbraten-Essen und einige davon zum Übernachten eingeladen hat, kein Wasser haben. Darauf kann man auf verschiedene Arten reagieren; manche hocken sich neben den hinichen Brunnen und schluchzen.

Ganz früh am nächsten Morgen kommt der Horwath mit dem großen Schraubenschlüssel. Wir schrauben den Brunnen auf, und schau an, das Leder innen ist hinüber. Der Lange fährt mit dem Brunnenteil und genauen Horwath-Anweisungen zu einem Installateursladen, der zwanzig Kilometer entfernt offen hat. Der Horwath hat eine Idee und holt seine Tauchpumpe, hängt sie in den Brunnen, und hurra, das Wasser im Haus sprudelt los. Aus dem Wasserhahn und aus insgesamt sieben Frostlecks in den Rohren: vier im Badezimmer, eines im Gästezimmer, zwei im Wohnzimmer. Immerhin war das Karma damit so weit besänftigt, dass wir einen Notinstallateur erreichten, der den ganzen Samstagnachmittag lang Rohre lötete, während wir den Indoor-See trockenlegten.

Das alles hängt, davon bin ich überzeugt, mit dem Freitagmorgenmail zusammen, und zwar nicht mit dem, das ich bekam, sondern mit dem, das ich dann zurückschrieb. Die Karmapolizei hätte gleich einschreiten müssen. Weil eh: Man muss zu allen freundlich sein, auch zu den Depperten, denn wenn man freundlich ist, kommt Freundlichkeit zurück. Selbstverständlich erfordern manche Deppertheiten energisches Gegendeppertsein; aber das war, wenn man es sich genau anschaut, eigentlich keine solche Situation. Es war eine Situation, wo man gelassen sagt, geht mir da rein, geht mir da raus und baba. Leider war der Zorn schneller wach.

Also habe ich am Montagfrüh ein abschließendes freundliches Mail an den geschickt, der mir das depperte geschickt hat. Und was ist passiert? Zwei Minuten später klingelt es an der Tür, und die Post bringt ein Paket, und es enthält ein Paar phantastische Sandalen. Und sie passen perfekt. Und das Wasser hält jetzt auch dicht.

# Und weißt du, das zahle ich gern

Wie das Mimi aus der Schulgarderobe kommt, spritzt ihm schon das Gift aus den Augen. Es ist offensichtlich gedemütigt worden; und von wem, eh klar, von seiner Mutter. Es wurden nämlich in der Schule Eier gefärbt, und seine Mutter hat ihm zweierlei: erstens braune Eier mitgegeben, was diesfalls allerdings die minderschwere Sünde bedeutet, zweitens aus Bodenhaltung. BODENHALTUNG!, heult das Kind der Mutter vom Rücksitz aus in den Nacken, meine Mutter kauft Eier aus BODENHALTUNG!, wie konntest du nur! Den ganzen Gürtel-Stau hindurch erklärt das Mimi seiner hirn- und herzlosen Mutter, was das bedeutet, wenn Hendln in BODENHALTUNG gehalten werden und wie die sich gegenseitig Löcher und in die Leiber, ja sich totpicken! Und wie sie nicht verstehen kann, wie ein Mensch so verantwortungslos, nein: BÖSE sei kann, Eier aus BODENHALTUNG zu kaufen! Wo es doch überall auch gute Bio-Freilandeier von glücklichen, artgerecht auf grünen Wiesen gehaltenen Hühnern gibt: Ist euch das alles EGAL?

Tatsächlich ist es natürlich so: Wenn es etwas auch in Bio gibt, nehmen wirs in Bio, bis auf ein paar Ausnahmen, die aber nicht ursprünglich mit unserer Bosheit zu tun haben, sondern mit unserem enden wollenden Haushaltsbudget. Wir glauben an ökologisch bestelltes Land, saubere Gewässer und gesunde Tiere, deshalb kaufen wir im Bauernladen oder radeln freitags zu diesem suprigen kleinen Markt bei der Lerchenfelder-Kirche und verteilen unter den Händlern kleine Vermögen für glücklichen Lardo vom Mangalitzaschwein, glückliche Bio-Essiggurkerl und glücklichen Bio-Paprika. Ich mache mehrmals wöchentlich einen Umweg, um den lässigen Biohändler, mit dem ich jetzt per du bin, zu unterstützen, indem ich das Dreifache zahle wie im Supermarkt, und zwar gern, denn dafür gibt's phantastisches Biobrot, das Schremser aus der guten Waldviertler Familienbrauerei und absolut überglückliche Bio-Freilandeier, die ein grundgütiger Biobauer dem glücklichen Biohuhn mit liebevollen Worten abverhandelt, gepützelt, gestreichelt, gekost und zärtlich in sein Pappmaché-Schachterl gelegt hat. So ist es nämlich.

Aber wie ich letzten Dienstag das Biogemüse für das Bio-Wokgericht geschnippelt habe und eben die geraspelten Bioerdäpfel mit den Biozucchini zu Puffern zusammenmixen will, sind die glücklichen Eier aus. Nachbarin 1 ist nicht daheim, und Nachbarin 2 ist nicht daheim, also zieh ich die Pfannen vom Ofen und mir noch mal Schuhe an, renne in den nächstgelegenen Supermarkt und kaufe die einzigen Eier, die es dort gibt. Und genau die sind noch im Kühlschrank, als die Mutter im Mitteilungsheft des Mimis die Nachricht entdeckt, das Kind habe bitte ein paar gekochte Eier zum Färben mit in die Schule zu bringen. Und jetzt sind wirs: ruchlose Hendlschänder, die marodierend durch Billigstdiscounter ziehen; und das Kind gesellschaftlich ruinieren. Das pickt an uns wie Hühnerdreck, vermutlich für immer.

# Diese Sache können wir abhaken

Das Problem mit den Süßigkeitenverstecken im Kinderzimmer hat sich jetzt insofern für alle Zeiten erledigt, als in einem davon eine Fleischfliege ihr Nest gebaut und ein paar Dutzend Eier gelegt hat. Nachdem ich vor den Augen der Mimis ungefähr 40 fette und zum Glück noch nicht komplett flugtüchtige Fliegen erschlug, räumten die Mimis ihre diversen Geheimlager freiwillig aus; zumindest die, an die sie sich noch erinnern konnten. Die Liste der noch anstehenden Erziehungsaufgaben wurde also mit tatkräftiger Unterstützung der Natur um eine verkürzt. Einiges steht dagegen noch aus. Auf der Das-gewöhnen-wir-uns-ab-Seite: Nägelbeißen, Lügen, Stehlen, Zündeln, Jausenvollkornbrote gegen Milchschnitten tauschen, böswilliges sams- und sonntägliches Frühaufstehen, scharfkantige Legoteile unter den frisch pedikürten Sohlen der Eltern deponieren, vorsätzliches Hausaufgabenhefte-Vergessen, Kreischen auf dieser Mörderfrequenz. Auf der Das-lernen-wir-noch-Seite: regelmäßige Betätigung der Klospülung, Händewaschen, Zähneputzen, Gemüseessen, Zimmeraufräumen, Befehlebefolgen, mucksmäuschenstill am Rücksitz sitzen und die vorbeifliegende Natur bewundern, den guten Eltern stets dankbar sein.

Aber nicht nur die Fauna unterstützte die Erfüllung von Elternwünschen, auch der ORF. Leider ist Dancing Stars, das über die letzten Wochen in unserem Haushalt eine

Blitz-Karriere als beliebtestes Druckmittel zur Durchsetzung von Forderungen machte, jetzt aus: mit befriedigendem Ergebnis für eins der Mimis und zum sehr großen Unmut des anderen, das es extrem unlogisch fand, dass Ramesh Nair nicht Dancing Star werden durfte, weil er tanzen konnte. Darum geht's doch, schimpfte das Mimi und malte dem aus einer Zeitung gerissenen Inder über seinem Bett gerade extra einen Heiligenschein. Gemein!

Ach ja, gemein: Ich habe Sedlacek ein SMS geschickt, dann hat mir Sedlacek ein SMS geschickt. Das SMS war beleidigend. Das SMS war unheimlich beleidigend. Wahrscheinlich habe ich nie zuvor in meinem ganzen Leben ein beleidigenderes SMS bekommen, nicht einmal von Sedlacek, der bekanntlich sehr nah an der Beleidigung gebaut ist. Aber dieses SMS war so unvorstellbar, ja obszön beleidigend, dass ich Sedlaceks nächste vierzig, nein, HUNDERTvierzig SMSe ignorieren werde. Und mindestens 200-mal hebe ich nicht ab. Ich freue mich richtig darauf, nicht abzuheben, eine Stricherlliste werde ich mir anlegen, weil ich unter keinen Umständen weniger als 200-mal nicht abheben werde, und vielleicht werde ich danach auf 300 erhöhen oder auf 350; generische und astrologische Voraussetzungen ermöglichen mir das. Und ganz bestimmt werde ich Sedlacek nie, nie, niemals wieder an seinem Geburtstag ins Telefon singen, wie an seinem letzten, wo er vor Rührung fast geschluchzt hat, das war das erste und letzte Mal, ja, ja, sagt ihm das ruhig, wenn ihr ihn seht, ist mir völlig wurscht.

# Let there be rock, wenn du mich fragst

Der Lange liegt mit dem kranken Mimi im Bett und zeigt ihm am Laptop AC/DC-Videos. Das Kind wirkt so glücklich, wie ich es von unseren Kindern, wenn sie ein AC/DC-Video sehen, erwarte, und will nun doch Gitarre lernen. Das ist gut; denn wenn sie im Herbst Gitarrenunterricht nehmen, muss ich nicht mehr mit dem schlechten Gewissen leben, dass ich meine Kinder vor allem zum Fußball und zum Judo schicke. Statt mich um die Förderung ihres musischen Talents zu kümmern, wie es gute, verantwortungsvolle Eltern tun würden, und zwar egal, ob in ihrem Kind ein musisches Talent verborgen liegt oder nicht. Und ich hätte ja gerne, dass die Mimis ein, zwei und dann vielleicht sieben Instrumente beherrschen, dass sie irgendwann virtuos Klavier oder in einem Orchester spielen können. Aber damit sie irgendwann virtuos Klavier spielen können, müsste ich sie schon jetzt jeden Tag vom Spielen, Fußballen, Klettern, Balgen und Herumdüsen abhalten und stattdessen mit ihnen das Instrument üben. Ich finde aber, dass siebenjährige Kinder ihre Nachmittage lieber mit Herumgespiele und sozialer Interaktion verbringen sollen als mit konzentriertem Lernen und Üben, nur führt es halt wahrscheinlich dazu, dass sie keine Konzertpianisten werden. Allerdings können sie sich von ihrem Vater abschauen, dass es komplett unnötig ist, ein Instrument zu beherrschen oder auch nur singen zu können, um Frontman einer Band zu werden und wiederholt Tonträger zu veröffentlichen; ja, dass zu große Kunstfertigkeit am Instrument im Gegenteil den Geist des Rock'n' Roll übel kontaminiert, wie der Lange gerne predigt. Oder hat man am Konservatorium je die Hells Bells erklingen hören? Eben. Es hat alles zwei Seiten.

Weil ich gerade die Zahl sieben erwähnte. Es naht das Wiegenfest der Mimis, und was ist? Am Tag der Feierlichkeiten, die dieses Jahr in einem Freibad stattfinden sollen, ist mit schweren Stürmen und Temperaturen unter zwanzig Grad zu rechnen. Das heißt, dass ich in der Wohnung Platz für ca. 22 Kinder plus ihre Erziehungsberechtigten schaffen muss. Wobei, das geht alles noch, richtig schwierig wird es, dann den heiteren und gelassenen Eindruck zu erwecken, den man von einer alltagsgestählten Mutter während der Party ihrer eh nur zwei Kinder erwartet, und leider sollte sie dabei nicht lallen. Und nicht mit ihrem Lebensgefährten streiten, was sich im Kinderpartystress gerne aufdrängt, wenn der Lange schließlich findet, er habe nun genug geschuftet, sich auf seine Kernkompetenz besinnt und mit den anderen Vätern beim Bier lustig plaudert. Die Eltern, die uns davor noch nicht gekannt haben, werden am Heimweg finden, dass der Vater ein heiterer und gelassener Kerl ist, aber die Mutter stresst leider entsetzlich, und hat die nicht gelallt? Die hat doch gelallt! I'm directly on the highway to hell, aber das ist jetzt auch nichts Neues.

# Scheiße, ich bin schon wieder tot

Fk Super Mario. Die aktuelle Niederlage in meinem niederlagsreichen Leben. Das kann ich nämlich auch nicht, wie ich Sudoku nicht kann und den Zauberwürfel nicht. Die Mimis, und das sind die einzigen Konversationen, die wir derzeit mit ihnen führen, versuchen eh, es mir zu erklären: Da musst du hüpfen, das musst du kriegen, da, pack es, neeeeiiiiiiin! Wieder keine zwei Leben erwischt, wieder kein Riese geworden, wieder nicht alles niedertrampeln dürfen. Wieder tot. Auch Super Mario ist nichts für mich.

Und Nintendos sind nichts für Kinder: Seit die Mimis je einen besitzen, weiß ich das noch besser. Nintendos sind etwas für Erwachsene, weil die sich nämlich, wie wir schon bei der Mimi-Geburtstagsparty feststellen konnten, in Ruhe alkoholisieren und anderen Erwachsenensachen widmen können, während sich alle Kinder in Trauben um die zwei oder drei versammeln, die auf einem Nintendo herumdrücken. Sie sehen dabei weit weniger intelligent aus, als wenn sie jetzt zum Beispiel eine Sandburg bauen; auch das weiß ich genau, denn davor waren wir mit der ganzen Party-Partie am Spielplatz. Einem kleinen Spielplatz. Die Siebenjährigen stellten sich an den Rand der Sandkiste und sprachen: Entschuldigung, aber was mache ich hier? Du spielst. Du meinst, ich soll da reingehen und mich schmutzig machen wie ein Kleinkind? Das wäre eine

Möglichkeit; wir können aber auch Topfklopfen. Die Siebenjährigen starrten mich mit einem Was-will-die-Geisteskranke?-Blick an, weil Topfklopfen, Entschuldigung, babyischer geht's ja wohl nicht. Rück die Süßigkeiten einfach so raus; und holst du bitte die Nintendos herunter? Nein. Dann gib den Topf her, wir brauchen Wasser, wir müssen den Dings einbetonieren. Bitte gern. Es wurde eine ausgefieselt schöne Sandburg, mir Wassergräben und Türmen und statisch einwandfreien Tunneln, und zwar völlig ohne mein Zutun. Seit danach sind die Mimis praktisch nicht mehr da: Sie sitzen abwesend auf dem Sofa und sprechen mit ihren Computern. Jetzt geh da! Juchuuu! Scheiße, ich bin schon wieder tot! Es ist beängstigend, aber der Plan geht so: Eine Woche spielen sie, so viel sie wollen, danach brutales Reglement. Selbstverständlich hegte ich die Illusion, dass meine Kinder, meine Kinder nämlich, das Gerät schon nach wenigen Stunden weglegen und bekannt geben würden, das werde ihnen jetzt allmählich zu blöd, sie wöllerten nun wieder etwas Kreatives tun. Passiert natürlich überhaupt nicht, und wieso auch, sie entstammen schließlich einer Klein-Dynastie von Computernerds und Süchtlern, denen das Talent zur Mäßigung nicht gegeben ist. Also zum Beispiel ihre Mutter musste sich mit schmerzhaften Schnitten zuerst vom Rauchen und danach vom Facebook abschneiden, weil ein bisschen geht einfach nicht. Es geht nur volle. Bis Mittwoch noch, Mimis. Dann will ich eure Gesichter wieder sehen, auch wenn sie schmerzverzerrt sein werden.

# Palmetshofer steherte relativ weit oben

Wie ich ihr damals von der Kottan-Premiere erzählt habe, hat die Anna gesagt: Kottan. Soso. In so ein Theater kannst du also gehen. Ich sagte, ich war wegen der Schretzmayer dort. Und wegen den Rabenhofern, aber das trübe Soso von der Anna hat trotzdem ziemlich gut verfangen. Ich sagte, okay, stimmt, ich gehe also mit dir jetzt einmal in ein richtiges Erwachsenentheater, such uns eins aus.

Die Anna, die sich mit dem Theater auskennt, hat uns eins ausgesucht, nicht zu lang, Brit-Regenten-frei, modern, und zwar derart modern, dass sich nicht einmal jemand auf der Bühne mehr ausziehen musste: Ewald Palmetshofers «Faust hat Hunger und verschluckt sich an einer Grete» im Schauspielhaus. Einer kam mir bekannt vor. Ich habe gesagt, der da, den kenn ich, den habe ich schon einmal gesehen, ich glaube, in «Karlsson vom Dach». Es war aber die lustige Frucade-Werbung.

Erstens weiß ich jetzt, wer das ist.

Zweitens, um es auf Facebookisch zu sagen: Doris Knecht gefällt Ewald Palmetshofer. Falls ich je gezwungen würde, eine Liste junger Männer unter 35 zu verfertigen, denen ich zutrauerte, dass sie die Welt retten können oder zumindest die Kultur des deutschsprachigen Raums, Palmetshofer steherte relativ weit oben.

Denn drittens schreibt dieser Palmetshofer Theater, bei

dem ich meinen Hintern vergesse, kann mich nicht erinnern, dass das vorher einer geschafft hat.

Viertens weiß Palmetshofer erstaunliche Dinge über die Gegenwart. Über Paare. Über Frauen und ihre Körper. Für sein Alter.

Fünftens aber lehrt uns Palmetshofer, dass wir falsch daran tun, unsere Kinder mit Verb-Zwänglerei zu quälen. Vielleicht haben Palmetshofer seine eigenen, luschen Eltern nie korrigiert oder er hat das ständige, brutale Korrigiertwerden seiner eigenen, autoritären Eltern in einer radikalen Verb-Aversion verinnerlicht, auf alle Fälle kann man, zeigt uns Palmetshofer, auch verbfrei ein gutes, glückliches, künstlerisch wertvolles Leben. Das Verb, vor allem das Hilfszeitwort, so lernen wir von Palmetshofer, ist exorbitant überbewertet. Wir sollten unsere Kinder unbedingt unterstützen beim unvollständigen Sprechen: Darf ich barfuß? Kann ich einen Kakao? Keine vielelternstimmigen GEHEN- und HABEN!-Chöre mehr, aus!!! JA sagen, BRAVO! rufen, denn das verbsparende Sprechen ist vielleicht ihre Eintrittskarte in eine erfolgreiche Autoren- und Künstlerexistenz.

Sechstens zeigt uns auch dieses Beispiel wieder, dass sich noch die höchste Kunst aufs banalste Private herunterbrechen, tief in die Alltagssoße tunken oder überhaupt mit dem primitivsten Privaten erst zuverlässig deuten lässt. Oder dass alles Künstlerische sowieso auch nur privat. Und alles Private wahrscheinlich schon Kunst. Und auch wenn das Ende der Theatersaison definitv der falsche Moment dafür ist, aber diesen Palmetshofer, den sollte man sich unbedingt.

# Wartet, ich bin gleich wieder da

Die Frage, ob man alle Kinder mögen muss, wird täglich virulenter. Es ist kurz nach neun, draußen auf der Schaukel sitzt der Nachbarsbub, spielt Nintendo und wartet, dass sich einer erbarmt. Wenn sich einer erbarmt haben wird, pickt er bei uns, bis wir ihn abends heimschicken. Es macht ihm nichts aus, wenn Gäste da sind. Er gibt, das sind die Regeln, den Nintendo ab, hält ersatzweise kenntnisreiche Vorträge über Super Mario, Mario Kart und Mario Party und erkundigt sich periodisch, wann es endlich wieder etwas zu essen gibt. Wenn es endlich wieder etwas zu essen gibt, nimmt er sich von den acht Marmeladebroten sechs und schöpft sich zweimal nach, bevor die anderen Kinder auch nur einen halben Teller gegessen haben. Er sagt nicht Bitte und nicht Danke, aber vorgestern beim Mittagessen meinte er während der dritten Portion Spaghetti bolognese, dass er so eine Soße bisher nur einmal schlechter gegessen hat, und zwar letztes Jahr im Burgenland. Bei einem niedlichen Kind wäre das möglicherweise, nun ja, niedlich. Der Nachbarsbub ist kein niedliches Kind. Einmal setzte er sich bei uns uneingeladen zum Abendessen und verfiel beim Coq au Vin in ein derartiges Weah und Würg und dass das die grausigste Soße sei, die er je gegessen habe, dass ich ein wenig ausfällig wurde. Na ja, sehr ausfällig, jedenfalls entschuldigte ich mich danach bei ihm. Der Nachbarsbub verzieh mir großzügig und brachte mir anderntags ein von seiner Mutter handgeschriebenes

Rezept einer anständigen Champignonsoße mit, mit zwei Rindssuppenwürfeln und einem halben Liter Schlagobers.

Wenn wir mit den Kindern ins Schwimmbad oder an den See fahren wollen, verschwindet er für zwanzig Sekunden und kommt dann wieder mit einem Handtuch, einer Badehose und der Information, seine Mutter hätte erlaubt, dass wir ihn mitnehmen, wenn wir gut auf ihn aufpassen. Ob wir Lust haben, ihn mitzunehmen, auf ihn aufzupassen, ihn mit Sonnencreme einzuschmieren und ihm ein Eis und Pommes zu kaufen, interessiert hier niemanden.

Die Mutter erscheint alle vier oder fünf Tage, jeweils kurz nachdem der Nachbarsbub seine drei Mittagsportionen gegesssen hat, um mitzuteilen, dass sie ihrem Buben jetzt etwas gekocht hat. Wir sagen ihr wie immer, dass der Bub schon gegessen hat. Sie sagt, aha, dann geht der Nachbarsbub mit hinüber, um endlich wieder einmal etwas Anständiges in den Magen zu bekommen. Eine Viertelstunde später ist er wieder da. Gestern nutzten wir diese Viertelstunde, um heimlich ohne ihn ins Bad zu fahren. Nach einer halben Stunde ruft die Horwathin an, ob wir schon im Bad sind, sie kommen jetzt auch, fahren danach aber weiter zu einem Heurigen, ob wir bitte den Nachbarsbub vom Bad mit heim nehmen können, der ist nämlich vorhin aufgetaucht und geht sich jetzt nur schnell ein Handtuch und eine Badehose holen. Ich muss die Regeln ändern, sonst geschieht hier eine Straftat.

# Bitte, ich bin ja kein Bauer, aber

Anderswo mag eine muhende Kuh als Sinnbild ländlicher Idylle gelten, hier tut sie einem leid. Die Kuh steht mit 30 oder 40 anderen in einem sogenannten Freilaufstall. Den hat die EU den Bauern aus Gründen des Tierschutzes verordnet. Der Stall gehört dem Nachbarbauern, und die Kuh kann dort so ein bisschen herumspazieren. Das könnte sie auch auf einer der unzähligen Wiesen, die dem Bauern rund ums Dorf herum gehören, aber der Bauer fährt lieber mit einem seiner sechs Traktoren auf die Wiesen, mäht das Gras und bringt es der Kuh in den Stall. Bitte, ich bin kein Bauer und will auch keiner sein, aber das kommt mir ein wenig schwachsinnig vor. Plus es führt dazu, dass die Kuh ihr Leben lang nie ein Stück Grün oder Himmel sieht, sondern ihre gesamte Existenz in dem kuhfreundlichen EU-Freilaufstall mit Betonboden verbringt, aus dem ihr Muhen erbarmungswürdig durch das ganze Dorf hallt. Und zwar ab sechs Uhr früh. Die armen Viecher. Die Kühe von dem anderen Bauern vis-à-vis grasen friedlich auf der Wiese oberhalb von seinem Hof, weshalb der Bauer hier in der Gegend als kauziger Spinner gilt. Das macht hier sonst keiner. Hier siehst du praktisch nie und nirgendwo eine Kuh. Du hörst sie nur.

Nicht mehr lange, wir fahren bald in die Stadt. Es ist Zeit. Ich habe unstillbare Bedürfnisse nach schlechter Luft, Autolärm, Sushi, Schuhen (im Sinne von: Schuhen, die diese Bezeichnung verdienen), speckfreier Kost, meinem Friseur, einem erfolgreichen Shoppingerlebnis, urbanem Halligalli in zwielichtigen Tränken, honigbrotfreien Mittagspausen und einem klimatisierten, kinder- und langenlosen Büro. Wir haben uns jetzt neun Wochen am Stück auf einer 24/7-Basis ausgehalten, es war erstaunlich friedlich, und es langt jetzt. Ich will wieder egoistisch sein, autonom und marmeladefleckenfrei, mindestens acht Stunden am Tag, danke schön. Und es ist auch genug idyllische Natur und Gemuhe und Viecher aller Art, obwohl, die Kinder haben gerade das Angeln entdeckt. Die Pollaks waren da, und der Pollak fuhr mit seinen Buben und den Mimis an den Fischteich, Abendessen fangen. Wir waren ein wenig besorgt, wie die Kinder das Fische-Erschlagen wegstecken würden, und als sie zurückkamen, zeigte sich auch tatsächlich eine gewisse Blässe, und zwar um die Nase vom Pollak, dem das überhaupt nicht getaugt hat. Die Kinder dagegen hielten stolz und völlig untraumatisiert ihre selbstgekillten Forellen in die Höh, grillten sie am Feuer, verspeisten sie gewissenlos und schliefen danach gut und tief. Aha. Interessant. Der Lange versucht auch etwas zu fangen, nämlich die Maulwürfe, die unsere Wiese umgraben, wird aber täglich von neuen Haufen ausgelacht. Das macht ihn aggressiv. Und drüben muht noch immer erbarmungwürdig diese Kuh. Und irgendwo kräht jetzt auch noch ein Hahn. Aus, fertig, packt's eure Sachen, Kinder, wir fahren in die Stadt.

# Du bist super

Jetzt schickt mir Sedlacek jede Woche ein SMS des Wortlauts: du bist super. Immer: du bist super, alle paar Tage. Seit ungefähr acht Wochen geht das so. Ich habe noch kein einziges Mal darauf geantwortet, was einen normalen, sensiblen Menschen vermutlich an der Effizienz der gewählten Strategie zweifeln ließe. Allerdings handelt es sich beim Absender um Sedlacek, deshalb rechne ich noch mit weiteren acht, zehn, zweiundzwanzig gleichlautenden Nachrichten. Die ich ebenso ignorieren werde.

Das Nachtragendsein gelingt mir bei Sedlacek, das fällt mir auf, jetzt immer besser und besser als bei anderen: Was aber möglicherweise im Kontext damit steht, dass ich mir Sedlaceks damaliges Arschloch-SMS noch immer jederzeit vergegenwärtigen kann, und es regt mich noch immer mörder auf, und der Trottel hat sich noch immer nicht dafür entschuldigt. Das wiederum dürfte unmittelbar damit zusammenhängen, dass Sedlacek zwar niemals vergisst, wie ihn einer, zum Beispiel der Hofer Pepi in der zweiten Klasse Volksschule, nicht von seinem Käsbrot hat abbeißen lassen oder dass ich ihn zu seinem 36. Geburtstag nicht beschenkt, ja nicht einmal angerufen habe, weil ich in böswilliger Ignoranz gerade in den Wehen lag oder derlei. Anderseits vergisst er schon circa übermorgen auch die ungeheuerlichsten Untergriffe, die miesesten Frechheiten, die ihm anderen gegenüber ausgekommen sind, ja er erinnert sich nicht einmal an die wirklich gezielten, mit äußerstem Vorsatz auf das zumeist amikal gesonnene Gegenüber abgeschossenen Treffer. Wahrscheinlich, weil es funktioniert; die meisten Menschen halten Sedlacek für nicht hundertprozentig zurechnungs- und somit auch nicht für satisfaktionsfähig und sehen ihm seinen periodischen Arschlochismus mit der Generosität der Gescheiteren nach. Habe ich auch gemacht. Mache ich nicht mehr. Fertig, da braucht's jetzt einmal ein bisschen mehr, der soll jetzt einmal etwas lernen.

Nach ein paar mit der charakteristischen Sedlacek'schen Zärtlichkeit formulierten Wasistjetzts, Warumspinnstdennduschonwieders und Zicknichtimmersoherums seinerseits ließ ich ihn meinerseits kurz wissen, dass seine penibel ausformulierte Kränkung durchschlagenden Erfolg gehabt habe und er nun bitte mit den Folgen leben soll. Und genau wie ich's erwartet habe, kroch Sedlacek keineswegs zu Kreuze, sondern schickte eine patzige, völlig verständnislose SMS zurück, dass er keine Ahnung habe, wovon ich da rede. Das soll der jetzt einmal ohne meine Hilfe herausfinden. Du bist super. Meine Güte.

Die Frage ist, wer an so einem Sedlacek Schuld trägt. Ich sags ungern, aber ich verdächtige seine Mutter. Die hat ihn vermutlich zu lange gestillt oder ihn fürs Deppertsein tüchtig belohnt, in der Hoffnung, das würde aus ihm einen sensiblen, dankbaren Menschen machen. Das hat nicht funktioniert.

# Nein, lieber nicht

Das Bubenmädchen ist immer noch ein Bubenmädchen, jetzt schon drei Viertel seines Lebens lang. Einmal habe ich gelesen, aktuelle Forschungen hätten ergeben, an Transsexualität sei die Mutter schuld, zu viel Stress in der Schwangerschaft. Nur frage ich mich dann, warum das Zwillingsmimi das gar nicht hat. Jetzt habe ich gehört, das könne am Hormonhaushalt liegen, der sei beim einen Kind so und bei den anderen so. Erscheint mir logischer, aber im Grunde ist es mir powidl: Solange das Kind kein Problem damit hat, habe ich auch keins, und deswegen ist das eigentlich auch nie ein Thema. Alle paar Monate erkläre ich ihr, dass sie da übrigens jederzeit auch wieder herauskann, falls ihr das Bubenmädchen-Konzept nicht mehr taugt, dass sie das jetzt nicht durchziehen muss, nur weil sie es einmal beschlossen hat, aber sie winkt immer ab. Alles okay, keine Sache.

Es war allerdings interessant, als das Bubenmimi jetzt sein erstes Fußballturnier spielte. Es ist ganz gut im Fußball, also es ist so gut und ein so verlässlicher Teamspieler, dass der Trainer ihm vor dem ersten Turnier die Kapitänsbinde um den Arm wickelte. Die Mutter rot vor Stolz. Der Lange auch: unsere Tochter! Allerdings nahm die Tochter die Binde wieder ab und übergab sie einem anderen Kind, weil: Das sieht nicht gut aus. Passt farblich gar nicht zum Dress. Dieses Exempel beweist, dass eben doch weitgehend testosteronfreies Mädchenblut in seinen Adern fließt. Und ich finde das, ehrlich gesagt, beruhigend, nicht, weil ich kein Transenkind haben will. Sondern weil es mir für das Kind lieber wäre, es würde glücklich erwachsen werden und erwachsen sein, ohne zuvor eine Hormontherapie und eine Geschlechtsumwandlung hinter sich bringen zu müssen. Was, kein Witz, am Familientisch ein Thema war, seit das Bubenmimi vier ist, aber in letzter Zeit nicht mehr so häufig diskutiert wird.

Aber man tut ja stets, was gut für die Kinder ist. Zum Beispiel wurde das andere Mimi von seiner bekanntlich nicht so theateraffinen Mutter zu einem Theaterkurs angemeldet und zu einer Schnupperstunde begleitet. Es war vielleicht nicht so eine Spitzenidee, mich ausgerechnet an selbigem Tag mit Sedlacek zum Lunch zu treffen, der sich, halleluja!, entschuldigt hatte, so richtig mit dem ganzen Tut-mir-leid-ich-will-mich-bessern-Programm. Was wir dann ein wenig feierten, sodass ich um vier in nicht einwandfrei erziehungsberechtigtem Zustand Zeugin werden durfte, wie mein Kind – ich! Ich! ICH!!! – peinigend überengagiert seine Berufung entdeckte, immer den Finger kerzengerade in der Luft. Aber hallo, sagte mit so einem Grinsen in der Visage der Herr Kabarettist neben mir, dessen Tochter ich auch in den Kurs geschwatzt hatte. Zum Glück kam dann ein Kind, das war noch viel schlimmer, danke, Gott. Später an dem Abend küsste mir ein deutscher Verleger nicht die Hand, sondern den Arm bis über den Ellbogen, aber das ist eine andere Geschichte, die passt hier null dazu.

# Das Leben der Tiere

Der Heizungstechniker ist, so erfahre ich, auf einem Seminar; der nächste mögliche Termin, um unsere Heizung zu reparieren, sei, also, warten Sie, Mittwoch zwischen zehn und zwölf. Oh, super, herzlichen Dank, das sind ja nur fünf Tage. In einer eiskalten Wohnung. Eh würde eine verantwortungsbewusste und vorausschauende Mieterin im Frühherbst überprüft haben, ob die Heizung funktioniert, nein, das müsste sie gar nicht, weil die Heizung im Spätsommer vorschriftsmäßig gewartet worden wäre. Nur frage ich mich schon auch, warum Seminare für Heizungstechniker ausgerechnet zu Beginn der Heizsaison, Punkt Kälteeinbruch, stattfinden müssen. Wie wärs im Sommer, wenn Leute wie ich sowieso nicht anrufen, um ihre Heizungen nicht warten zu lassen? Zur Strafe nicht.

Zum Glück funktioniert der Ofen im Waldviertel, und als es uns bei 28 Grad Raumtemperatur doch etwas schwitzert wird, gehen wir über die Straße zu Künstlers, weil: «Tag der offenen Ateliers». Künstlers haben den Hof zusammengeräumt und ihn mit eigenen und fremden Werken vollgehängt. Es handelt sich dabei überwiegend um Bilder, auf denen unglaublich geschweinigelt wird. Die Mimis schauen sich alles mit großem Interesse an und finden, das sehe aber etwas anders aus als in ihrem Wir-machen-ein-Baby-Buch. «Kann man so auch Kinder machen?» «Ja, schon, wenn man sehr gelenkig ist.» «Und so?» «Nein, so eher nicht.» «Und was machen diese Frau und dieser Wolf da?» «Sie kuscheln.» «Und diese Frau und dieses Schwein?» «Kuscheln auch.» «Sieht aber aus, als ob das Schwein …» «Schau mal, da drüben, da ist ein riesiges Hirschgeweih.» «Wo?» «Dahinten.» «Aber das Schwein …!»

Später sitzen wir im Atelier der Künstlerin am Holzofen und trinken Wein. Ein paar Leute aus der Stadt sind da, und das ganze Dorf kommt vorbei, die Bauersfrauen, die Hippies mit den Hunden und die gesamte freiwillige Feuerwehr in Uniform, denn der Herr Künstler ist Feuerwehr-Vizeobmann. Oder Vizekommandant oder wie das heißt. Die Feuerwehrmänner und ihre Frauen schauen sich die Bilder auch alle an, besonders gern die Fotos, auf denen der Künstler nackt auf allen vieren zu sehen ist, mit prächtigem Gehänge. Man äußert die Ansicht, dass es «unterschiedliche Lebensentwürfe» gebe. Das stimmt, zum Wohl. Zum Glück finden die Frauen dann einen Stapel ferkeleienfreier Blumenbilder der Künstlerin, die ungeteilter Meinung als schön beurteilt werden. Der Wein schmeckt auch allen, und der Nachbar-Bauer und ich sind bald per du: Franz. Doris. Zeawas. Wir stellen fest, dass wir beide denselben Prinzen kennen. Er kennt ihn von der Jagd, ich kenn ihn, weil er eine Zeitlang an der Mizzi befestigt war: Das muss dann die gewesen sein, die immer frierend im Hochstand saß und Bücher gelesen hat. Ja, das war zuverlässig die Mizzi. Apropos frieren: Ist schon zehn? Ah, gleich.

# Richte schon mal das Bett her

Zwei Tage, nachdem der kleine Dings bei uns war, den Mimis eine Kissen- und Jackenburg zum Hineinköpfeln gebaut, sich mit ihnen in alle Decken eingewickelt, über jeden Teppich gewälzt und dann mit beiden Mimis in einem Bett übernachtet hat, informiert mich sein Vater am Telefon darüber, dass der kleine Dings Läuse hat. Hallo, das ist einmal eine gute Nachricht, speziell an einem Tag, an dem mir der Lange gerade aus dem 15. Stock eines Luxushotels in einer künftigen Kulturhauptstadt am Meer eine SMS geschickt hat, um die grandiose Aussicht und den vorbildlichen Zimmerservice zu loben.

Warum bin ich nie tausend Kilometer weit weg, wenn dergleichen passiert? Weil ich immer da bin. Ich sollte viel öfter verreisen. Haemmerli zum Beispiel habe ich schon seit mehr als einem Jahr nicht gesehen, ebenso die anderen Zürcher Spezis. Und in Berlin war ich auch schon ewig nicht, wie viele Jahre war ich bitte schon nicht mehr in Berlin? Und habe ich schon mal Pia in Paris besucht? Habe ich nicht. Du kannst schon einmal das Gästebett herrichten, Pia, ich komme jetzt. Ich muss vorher nur noch alle Textilien in der Wohnung bei 60 Grad waschen, alle Teppiche tagelang auf den Balkon hängen, alle 200something Kuscheltiere in luftdicht verschlossenen Müllsäcken am Dachboden verstauen und alle Mimis mit scharfzinkigen Nissenkämmen zerkratzen. Dann komm ich aber sofort, Pia, verlass dich darauf.

Aber es hülfe eh nichts. Wenn ich einmal 1000 Kilometer weit weg bin, sprechen die Kinder ihr erstes Wort, machen ihren ersten Schritt, verlieren ihren ersten Zahn, haben endlich genug von der Bibi-Blocksberg-CD, schießen ihr erstes Tor oder spielen erstmals fehlerfrei «Stairway to Heaven». Wenn der Lange weg ist, bekommen sie Scharlach, fallen vom Hochbett, schlagen sich Zähne aus, verlieren ihr Lieblingskuscheltier, ihren Impfpass oder ihr Fahrrad und bringen, ich wette darauf, ihren ersten Fünfer heim. Und ihre erste Geschlechtskrankheit, irgend so was. Sowie ihre ersten Läuse.

Natürlich sind wir eh privilegiert. Alle anderen hatten schon Läuse, beziehungsweise: hatten schon oft Läuse. Auch die Horwaths, mit der Verschärfung, dass nicht nur der kleine, sondern auch der große Horwath Läuse hatte, was beim Horwath seiner Frisur, also dem, was vom Horwath seiner Frisur noch übrig ist, original in die Kategorie der echten Wunder ressortiert. Insofern wäre es nur gerecht, wenn wir jetzt auch einmal Läuse hätten, ja, tatsächlich sind Läuse bei uns überfällig, wie schaut das denn aus, wenn wir als Einzige nie welche hatten. Und es ist ja eh schon wurscht, jetzt wo ich eh schon jedes Stück Heimtextil in geradezu lehrbuchmäßiger maternaler Präventiv-Hysterie gewaschen habe; meine Oma selig wäre mächtig stolz auf mich. Zürich, Berlin, Paris habe ich mir jedenfalls verdient; weil wann krieg ich schon einmal etwas umsonst: nie.

# Meine Nullerjahre sind jetzt vorbei, definitiv

«Wann immer jemand in unserem Haus die Stimme erhebt, wird alles gestoppt, egal was wir gerade machen. Time-out, sage ich. Du hast etwas auf dem Herzen, nimm dir ein paar Minuten und rede mit mir.»

So ist das bei uns nicht. So ist das, jedenfalls berichtete das André Agassi kürzlich dem *Kurier*, bei den Graf-Agassis in Las Vegas. Wenn in unserem Haus jemand die Stimme erhebt, kommt gleich einer gelaufen und brüllt mit, um auf diese Weise seinen eigenen Ärger über was auch immer loszuwerden. Zu Spitzenzeiten brüllen vier Leute gleichzeitig.

Tagesanbrüche haben eine gute Anlage, Spitzenzeiten zu sein, wobei meistens ich die Erste bin, die ihre Stimme erhebt, denn nach all den Jahren kapiert meine Familie noch immer nicht, dass, wer dauerhaft mit mir auskommen will, mich frühmorgens nicht anspricht. Nicht ansingt. Nicht einmal anschaut. Nicht seinen Kakao auf mein Kissen schüttet. Von mir keinen launigen Kommentar zu dieser abseitigen Zeitungsmeldung oder zur Lage der Nation erwartet. Mich nicht aus der Dusche holt, um mir eine voll lustige Stelle aus dem neuen Lottmann vorzulesen oder mich einen Gürtel suchen zu lassen. Mich nicht fragt, was ich abends essen oder kochen will. Mit mir nicht über die Autoversicherung spricht, die Gasrechnung oder einen Heftumschlag, den ich jetzt gefälligst endlich besorgen soll. Mich keine Fäden einfädeln lässt und mich nicht um Hilfe bei Häkelarbeiten bittet. Mich nicht anmotzt, weil ich schon wieder das ganz falsche Gewand herausgelegt habe und Schinken statt Salami in das Jausenbrot tue. Mich nicht fragt, wie viel kalt es heute eigentlich wird oder ob man noch schnell ein Ärzte-Video auf Youtube anschauen darf.

Auf all diese Dinge reagiere ich ab, sagen wir, elf, aufgeschlossen und gelassen, doch wer in der Früh gegen mehr als zwei meiner Gebote verstößt, muss mit einer Dezibel-Erhöhung rechnen, angesichts derer man bei Agassis sofort die Cops rufen würde. Natürlich ist das meiner rücksichtslosen Brut völlig wurscht, und man lässt mich unter vier Verstößen und ohne Gebrüll keinen Tag beginnen. Danke schön. Aber so ist das bei uns eben. Und bei uns läuft es auch nahrungsaufnahmetechnisch etwas anders als bei Agassis, wo Steffi, so erzählt André, streng auf Ausgewogenheit achte. «Die Kinder dürfen nach einer Pizza nur Proteine und Gemüse essen. Zwei Kohlehydrat-Mahlzeiten hintereinander sind nicht erlaubt.» Ja, du. Und ich bin auch überzeugt, wenn Steffi ihre mütterliche Autorität verströmt, hat das auf ihre Familie die vorgesehene Wirkung. Auf meine nicht, aber daran werde ich jetzt arbeiten, denn auch meine Nullerjahre sind jetzt vorbei, ja, definitiv. Wünschen Sie mir also bitte ein schönes, erfolgreiches, respektgeladenes neues Jahr voller friedlicher Morgen im Kreise einer liebenden, kuschen Familie, ich wünsche es Ihnen auch.

# Ich bin irgendwie keine Rampensau

Es hat auch Vorteile, wenn die Kinder weg sind. Also, wenn dieser Scheißbus endlich abgefahren ist. Bis dieser Bus abgefahren ist, mit den Kindern darin, die unununbedingt ins Schilager wollten, aber jetzt ihre Entscheidung schluchzend bereuen, durchläuft man allerdings den puren Höllen-Horror. Ich habe von Vätern gehört, die während dieser zwanzig Minuten final ergrauten. Es war so entsetzlich, dass schließlich mehrere Eltern am Gehsteig auf die Knie fielen und den Busfahrer händeringend anflehten, sein Gefährt endlich in Bewegung zu setzen. BITTTTEEEE! Die Qual ist UNERTRÄGLICH! Und wurde leider dadurch verlängert, dass manche Eltern noch ein achtes Mal in den Bus stiegen, um ihre Kinder zu beruhigen, was selbstredend den gegenteiligen Effekt hatte. Bittebittebitte, ich halt das nicht mehr aus, fahrt endlich! Als der Bus dann um die Ecke bog, gaben sich die Eltern High five und begannen umgehend, die ersten Stationen ihres lange vorbereiteten Halligallis abzuarbeiten. Der Lange und ich zum Beispiel gingen sofort wieder ins Bett, schoben am helllichten Tag DVDs ins Gerät, bestellten Pizza und Bier und ließen uns so grauslich gehen, wie wir es in der Prä-Mimi-Epoche jedes Wochenende getan hatten.

Leider verließen wir dann in der Dunkelheit noch einmal das Haus. Es hat auch Nachteile, wenn die Kinder weg sind, man geht fahrlässig zu vorher schlecht recherchierten Veranstaltungen und trinkt dort zu viel, anstatt wie gewöhnlich beim «Tatort» einzuschlafen. Weshalb man anderntags dann müder ist als vorgesehen. Zudem hat der Lange nicht wie üblich um halb acht mit den Kindern das Haus verlassen, sondern liegt um halb neun noch neben einem im Bett und formuliert, während man gerade verzweifelt Kolumnenthemen aus dem Internet kratzt, Sätze wie diesen: «Du kommst mir ein bissl vor wie Elvis in Vegas.» Ja, danke schön! So fängt man den Tag gerne an! Kommt zurück, Kinder!

Allerdings war ich auch Elvis in Vegas, als die Mimis noch da waren. Palmetshofer, Heavy Trash und dann auch noch im Schauspielhaus Popismus predigen mit meinem alten Zürcher Nachbarn, Reverend Tobi Müller. Was interessant, aber insofern irritierend war, als wir vor 150 Leuten anfingen und vor 15 aufhörten. Während das Publikum in großen Trauben den Saal verließ, erhielt ich unablässig SMS vom lustigen Fotografen und vom lustigen Verleger, ich solle dalli im Dings erscheinen. Ich smste, ich könne nicht, ich säße auf einer Bühne und verrichte Erwerbsarbeit. «schleich dich runter von der bühne!», smste der Fotograf, und das hätte ich gerne gemacht, beziehungsweise ich hätte mich gerne sub Bühnenboden verkrochen. Ich bin nicht geschaffen für die Bühne, ich bin lieber Publikum. Als Publikum bin ich, wie die Menschen, die ich beim Heavy-Trash-Konzert im Flex mit Bier beschüttete, bestätigen werden, richtig gut. «Is uuuuuuu I want!» Yes, Jon Spencer, yes, yes, yes.

## Ja, aber kann Palmetshofer auch Ski fahren?

Zweimal haben sie diese Woche angerufen, einmal aus der Schule, einmal aus dem Hort: Dem Mimi gehe es nicht gut, das Kind liege blass und still auf einer Bank und sei sichtlich krank, könnte man es in absehbarer Zeit bitte abholen kommen? Sicher kann man, man braucht dazu nur die Erwerbsarbeit zu unterbrechen. Beim zweiten Mal marschierte die Mutter, vorbei an den Hortbetreuerinnen, auf das Kind zu, das blass und still auf einem Sofa lag, und sagte: Verdammt noch mal, du bist nicht krank, ich weiß es genau! Das hat auf die Hortbetreuerinnen, zumal es offenbar neue Frischlingspraktikantinnen waren, gewiss keinen guten Eindruck gemacht. Das Mimi aber nahm sofort Farbe an und sah sich in der Lage, sich zu erheben und Mantel und Schuhe anzuziehen.

Selbstverständlich war es – ich kenne mein Kind –, kaum hatten wir die heimischen vier Wände betreten, wieder pumperlgesund und machte ein großzügiges Angebot: Um es Mutter zu ermöglichen, die unterbrochene Arbeit wieder aufzunehmen, wäre es bereit, sich den Rest des Tages vor den Fernseher zu setzen und sich mit Schokokeksen und Mozartkugeln als Nahrung zu begnügen. Ja, ganz gewiss, sonst noch etwas. Du spielst oder liest, und ich koch dir ein extra gesundes Mittagessen und schnippel dir tüchtig Obst, auch wenn ich dafür überhaupt keine Zeit habe.

Immerhin: Es war richtig, dieses Mimi in den Schauspielkurs zu schicken, es bringt ideale Voraussetzungen mit, vor allem aber eine Veranlagung zur Hysterie, die es ihm ermöglicht, sich in die Einbildung, es sei krank, so glaubhaft hineinzusteigern, dass es wirklich krank wird. Und auch andere von seinen Einbildungen zu überzeugen, was kürzlich dazu führte, dass ein Übernachtungskind spätabends nach Hause gefahren werden musste, weil das Mimi sich und ihm erfolgreich eingeredet hatte, im Kinderzimmer habe es purgatorische Temperaturen, man verbrenne, schmelze, verglühe, vertrockne und ersticke. Die Kinder liefen nackt und hysterisch heulend durch die Wohnung und schrien; diese Hitze!, sie verbrennten!, und niemand – NIEMAND! – helfe ihnen!, und es hatte nicht den geringsten Sinn, auf das Thermometer zu weisen, das laue 19 Grad Celsius anzeigte. Ob man denn die Glut nicht spüre?!? Man verbrenne, man verbrenne.

Das hat es genauso wenig von mir wie das andere Mimi das im Skilager von Experten diagnostizierte Talent zum Skifahren: Es gewann auch sofort das Rennen seiner Gruppe. Und es ist eine typisch revanchistische Finte des Schicksals, dass meine Kinder genau in jenen Bereichen ausgeprägte Begabungen zeigen, die mir relativ stark am Arsch vorbeigehen. Wenngleich sich mein Verhältnis zum Theater in letzter Zeit vorsichtig entspannt hat, was vor allem an Ewald Palmetshofer liegt, aber kann der auch so Ski fahren, dass es mir mit einem Mal reizvoll erscheint? Das glaube ich nicht. Dennoch will ich fröhlich sein.

# Können wir das schaffen?

Am Donnerstag hat mich die Hausverwaltung angerufen: Ob bei uns zufällig eingebrochen worden sei, unten bei der Haustür sei die Scheibe neben dem Türknauf eingeschlagen worden, die WEGA sei bereits alarmiert. Das ist … Das ist saudeppert, weil die Koinzidenz es will, dass mir der Lange abends zuvor berichtet hat, er habe beim Heimkommen irrtümlich eine Scheibe an der Haustür eingedrückt, und jajaja, er werde die Hausverwaltung umgehend, sofort und gleich informieren. Eine Aufgabe, die nun an mir pickt und die ich bravourös mit vielen Ähs, Öhs und Entschuldigen'S manage. Ich erledige auch den kurz darauf via Haussprech-Anlage einlangenden Auftrag, über die die Nachbarin freundlich anfragt, ob wir, wenn wir schon das ganze Haus in Einbruchspanik versetzen, wenigstens bitte die Scherben zsammkehren könnten. Sicher. Können wir. Kann ich.

Ich meine, ein normaler Mensch, der irrtümlich eine Scheibe im Haus einschlägt, würde danach wieder hinuntergehen und das Gescherbs entfernen. Aber. Man kann ersatzweise auch zweimal drübersteigen und damit unseren Ruf als beliebteste Hausbewohner zementieren. Wir sind die, die bei der Balkonwässerung Hauswände, offene Fenster und ungünstig geparkte Cabrios mitgießen. Wir sind die, in deren Stockwerk aufgrund nachlässig geschlossener Lift-Türen immer der Aufzug steckt. Wir sind die, die den Aufzug ruinieren, indem wir widerrechtlich das

Wochenend-Gepäck damit hinunterfahren lassen, worauf dieses zwischen zwei Stockwerken umkippt, worauf der Lift stecken bleibt, worauf der Wochenend-Aufzugsnotdienst undsofort. Wir sind die, die immer vergessene Schlüssel vom Balkon werfen, die dann nicht in unserem Besitz befindliche Autodächer eindellen; die Cabrios parken in so einem Fall zuverlässig woanders. Wir sind die, die dafür verantwortlich sind, dass in allen Blumenkisteln des Hauses nur noch Löwenmäuler in allen Farben blühen. Wir sind die, die morgens um halb acht alle, die das noch nicht sind, wach machen, weil sich Erziehungsberechtigte und Kinder durchs Treppenhaus noch etwas nach- beziehungsweise retourzubrüllen haben. Wir sind die, vor deren Tür sich ein Berg aus kaputten Elektrogeräten, ausrangierten Regalen, alten Rollern und zu klein gewordenen Kindergummistiefeln auftürmt, was, wie ich der Nachbarin mit mäßigem Erfolg klarzumachen versuche, Einbrecher keineswegs anlocke, sondern final abschrecke.

Insofern ist es überaus bedauerlich, dass die zwei Depperten aus dem dritten Stock letztes Jahr ausgezogen sind und durch eine dezente, freundliche und ordentliche Familie ersetzt wurden, die, anders als die zwei Depperten, nicht beim Kochen einschläft, nie die Tschick auf der Stiege austritt, nie nicht grüßt und nie nachts betrunken durchs Treppenhaus marodiert. Jetzt hängt es an uns, die allgemeine Lebensqualität im Haus konsequent zu nivellieren. Und, yo, wir schaffen das.

# Das passt nicht zum Langen, dieses Lächeln

Das war pädagogisch eher bedenklich. Gebe ich unumwunden zu. Ich habe auch gleich die Hortbetreuerin angerufen und gesagt, bevor du es von den Kindern erfährst, ich gestehe alles. Denn damit die Kinder uns nicht zwingen, am Sonntag in aller Herrgottsfrühe nach Wien hineinzufahren, damit sie beim Marathon einen Kilometer im Pulk laufen und dann eine Medaille abgreifen können, haben wir mit ihnen einen Deal gemacht: Ihr verzichtet auf den Marathon, wir bleiben im Waldviertel, und ihr bekommt dafür diese Nintendo-Speicherkarte, wegen der ihr uns permanent auf den Sack geht. Mit 25 Spielen darauf. Die Kinder haben gesagt: okay. So macht man das als echter Pharisäer: Man predigt Kinder-Bewegung und drängt ihnen dann ersatzweise etwas auf, bei dem sie blöd herumsitzen und fett und deppert werden. Bekannte mit frischen Säuglingen erklären mir, dass ihr Kind garantiert nie einen Nintendo bekommt, aber erstens kann das Baby halt noch nicht widersprechen, und zweitens halte ich das, ja, sogar für möglich, aber nur weil es in sieben Jahren wesentlich geileres Computer-Verblödungszeugs geben und der Nintendo dann im Subotron-Shop als Antiquität verkauft werden wird. Das Ergebnis war, dass mich das eine Mimi am Samstag um zehn nach sechs geweckt hat, damit ich die Nintendos herausgebe. Ich musste ihm drohen, dass es das Ding bis Weihnachten nicht mehr zu sehen bekommt, wenn es das noch einmal macht, und so konnte ich am Sonntag bis sieben Uhr ausschlafen.

Aber bitte. Man muss das positiv sehen. Ich weiß im Moment gerade nicht, wie, aber ich kann jetzt nicht plötzlich mit negativer Weltsicht kommen, wo ich den Langen eben erst dazu überredet habe, das Leben auch einmal ein bisschen positiver zu betrachten, es sei wahrlich nicht immer alles so geschissen, wie er es immer sehe!, man müsse nicht immer schimpfen!, man könne das auch anders betrachten, freundlicher! Worauf der Lange jetzt tatsächlich positiv denkt, und zwar auf eine so radikale Weise, dass ich mir heimlich wünsche, er möge wieder zu seinem alten Grumpyismus zurückfinden.

Der Lange findet jetzt alles total super. Und er lächelt nun manchmal, das macht mich extrem nervös. Das passt nicht zum Langen, dieses Lächeln. Ich bin es nicht gewohnt, die Zähne des Langen außerhalb der Essenszeiten zu Gesicht zu bekommen. Er schreibt jetzt von Orten, von denen er gewöhnlich ich-wäre-eigentlich-lieber-tot-als-hier-SMSe schickt, Botschaften mit Inhalten wie: Es ist wunderbar hier. man muss nur auf die menschen zugehen, das ist das geheimnis. Und ja! Das finde ich wirklich! Ich glaube an Freundlichkeit und die Kraft ihrer Potenzierung! Aber wenn es vom Langen kommt, ist es irgendwie spooky. Andererseits glaube ich eh nicht, dass es anhält. Ich gebe ihm eine Woche, dann ist er wieder der Alte. Acht Tage, neun höchstens, dann schimpft er wieder ganz normal.

## Schaut deppert aus, funktioniert aber sehr gut

Steckerlbrotgrillen klingt zum Beispiel wesentlich romantischer, als es ist. Man stellt es sich so vor, dass glückliche Kinder um ein Feuer sitzen und geduldig ihre Steckerl über die Glut halten, auf die sie vorher einen Batzen Brotteig gedreht haben. Aber erstens muss den Brotteig vorher jemand machen. Und ihn zweitens aufs Steckerl picken, weil er sonst garantiert ins Feuer fällt, mit dem ganzen vertraglich fixierten Heul- und Schniefprogramm. Drittens halten Kinder ihr Steckerl nie über die Glut, sondern, logo, immer direkt ins Feuer, geht ja schneller, folglich schwarzer Bröselbrocken, folglich heul und schnief. Viertens wird es ihnen nach zwei Minuten fad, und sie übergeben die Stecken an ihre Eltern, die sie dann eine halbe Stunde blöd über die Glut halten müssen und keine Hand mehr für ihr Weinglas freihaben. Während, fünftens, die Kinder andere Stöcke ins Feuer halten und dann damit herumfuchteln oder gleich aufeinander losgehen. Sechstens enthält jede Kindergruppe zuverlässig einen Pyromanen, den man eisern im Auge behalten muss, weil man sonst nachher kein Haus oder keinen Stadel mehr hat. Siebtens essen sie es dann eh nicht. Steckerlbrotgrillen ist in Wirklichkeit eine reine Elternquälerei.

Überhaupt Grillen. Grillen ist etwas für Anfänger und Gäste. Grillen ist ein Riesenstress. Grillen macht einen fix und fertig. Grillen geht nur, wenn man ein Fass mariniertes Fleisch hinstellt, eine Palette Würstel aller Art, einen Meter Brot, eine Riesenschüssel Erdäpfelsalat und dann darauf zeigt: Selber grillen, bitte sehr. So geht es, sonst ist es nix wie eine elende Herumrennerei inkl. Selbstselchung.

Was auch zu beweisen war und nun bewiesen wurde: Ich bin keine große Gärtnerin. Ich bin überhaupt keine Gärtnerin. Ich bin für ein Leben auf Knien nicht geschaffen. Jäten ... nein, Gott, bitte nicht, was auch diese Saison wieder dazu geführt hat, dass ich meine Zucchini-Setzlinge schon im Mai vor lauter Dschungel nicht mehr finden konnte. Aber wenn es gute Setzlinge sind, was ich, angesichts des Vermögens, das ich dafür bezahlt habe, hoffe, werden sie sich gegen das Unkraut schon durchsetzen. Immerhin, die Tomaten sind unkrautfrei, da ich eine Idee der hiesigen Gartenexpertin aufgegriffen habe und meine Tomaten zwar nicht in 10-Euro-Hänge-Töpfen gepflanzt habe, aber in 1-Euro-Asiataschen (allgemein Türkenkoffer genannt), in die ich am unteren Rand Löcher geschnitten und Tomatensetzlinge gesteckt habe. Oben Erde in die Tasche und an den Henkeln an die Hauswand hängen. Schaut deppert aus, funktioniert aber bisher sehr gut und ist als Krisen-Gärtnerei-Methode auch für Menschen ohne Balkon geeignet: Der Horwath und ich stellen uns schon Hunderte von Hängegärtnereien an Leinen zwischen den Häusern vor, so, wie die Italiener ihre Wäsche aufhängen. Womit diese Kolumne endlich einmal brauchbare Lebensberatung enthält; bitte, gerne.

# Damit kann ich sehr gut leben

Ich glaube, es ist nicht meine Aufgabe im Leben, bei Kindern beliebt zu sein. Kinder, außer jetzt meine eigenen, lassen sich, wenn kein anderer da ist, von mir Brote be- und sich mit Sonnencreme einschmieren. Aber grundsätzlich misstrauen sie mir eher, und als ich die Kroatien-WG beim Abendessen darüber informiere, dass ich jedem, der noch einmal in mein Gummiboot schifft, einen Knoten in den Schniedel mache, kann man den männlichen Kindern ansehen, dass sie sich überlegen, ob mir das wirklich zuzutrauen ist, und das Resultat ist ganz offensichtlich kein eindeutiges Nein. Gut. Ich kann saugut damit leben, dass Kinder, jetzt außer meine eigenen, eine gewisse Distanz zu mir einhalten, speziell im Urlaub.

Ansonsten war dieser Kroatien-Urlaub wie der letzte Kroatien-Urlaub, minus die Kochkrisen, früher immer dadurch entstanden, dass einer ehrgeizig gekocht hat und ein anderer rücksichtslos querkochte, das geht natürlich nicht gut. Querkochen ist wie Quererziehen eines der großen No-nos in gemeinsamen Urlauben, so viel haben wir in den letzten Jahren gelernt. Es war also wie letztes und vorletztes Jahr, nur harmonischer. Man kann einfach die Urlaubsbilder vom letzten Jahr nehmen, alles exakt gleich, nur die Kinder fünf bis zehn Zentimeter größer und mehr davon: Heuer saßen bei den Abendessen nie weniger als 13 Leute am Tisch, manchmal 16, wenn die Ratzingers (no relation), die zwei Häuser weiter wohnten, bei uns gegessen haben, mit dem drei Monate alten Baby, das recht ausdauernd brüllen kann. Und, ach ja, Säuglinge kann ich: Die Griffe und das Säuglingsberuhigungsmantra habe ich noch immer drauf, das ist wie Radfahren, verlernt man nicht.

Aber das Baby von den Ratzingers habe auch ich nicht kusch gekriegt, das Baby von den Ratzingers hat die eigene Mutter kaum kusch gekriegt, was auf die anderen Gäste im Fischrestaurant keinen durchwegs positiven Effekt hatte. Und ich muss sagen, dass mich das auch ein Alzerl nervös gemacht hat, obwohl ich den Ratzingers gesagt habe, dass man die Schreiphase erhobenen Hauptes und mit viel Selbstbewusstsein, ja einer gewissen Arroganz durchstehen müsse, denn man päppelt hier aufopfernd einen Steuerzahler, Pensionssystemerhalter und künftigen Touristen groß, von dem der Wirt, die Region und damit praktisch alle Gäste dieses Restaurants irgendwie profitieren, und zwar auch der Gast, der sich dann tatsächlich die Ohren zuhielt.

Was der Ratzinger, vom Geschrei seines Babys etwas aufgewühlt, dann allerdings tatsächlich so beleidigend fand, dass er dem eine runterhauen wollte, aber das Baby schlief eben noch rechtzeitig ein. Kann aber sein, dass das Baby auch etwas aufgewühlt war, weil ich es ein Viertelstündchen gehutscht hatte, das lasse ich nächstes Mal lieber. Ich glaube, das Leben hat anderes für mich vorgesehen, als Kinder glücklich zu machen. Jetzt außer meine eigenen natürlich.

MIX
Papier aus verantwortungsvollen Quellen
FSC® C083411

Das für dieses Buch verwendete FSC®-zertifizierte Papier *Holmen Book Cream* liefert Holmen, Schweden.